KB042804

공부에
미쳐
본 적 있니

공부에 미쳐본 적 있니

초 판 1쇄 2022년 07월 22일

지은이 신영호
펴낸이 류종렬

펴낸곳 미다스북스
총괄실장 명상완
책임편집 이다경
책임진행 김가영, 신은서, 임종익, 박유진

등록 2001년 3월 21일 제2001-000040호
주소 서울시 마포구 양화로 133 서교타워 711호
전화 02) 322-7802~3
팩스 02) 6007-1845
블로그 http://blog.naver.com/midasbooks
전자주소 midasbooks@hanmail.net
페이스북 https://www.facebook.com/midasbooks425

© 신영호, 미다스북스 2022, *Printed in Korea*.

ISBN 979-11-6910-041-0 03190

값 15,000원

35년 교육 베테랑의
공부 성공 이야기

공부에 미쳐 본 적 있니

신영호 지음

미다스북스

프롤로그

나는 35년 동안 아이들을 가르쳤다. 학교가 아니라 학원에서 수학을 가르쳤다. 그들과 웃고 울며 공부하며 많은 이야기를 나눴다.

상담을 하다 보면 지금 자신은 아무런 꿈도 없고 딱히 하고 싶은 것도, 잘하는 것도 없다고 낙담하는 이가 있다. 그러나 기죽지 마라. 인생은 단 거리가 아니다. 길고 긴 마라톤이다. 지금 꿈이 없다고 영원히 그러하지는 않을 것이니 미리 기죽을 필요는 없는 것이다.

살다 보면 꿈이 좌절될 때도 온다. 그들은 삶이 끝난 것 같은 좌절을 겪는다. 그래도 극복하고 일어나는 이도 있다.

고1까지 야구부에서 투수를 하다가 어깨가 나가 야구를 그만둔 학생이 중3 겨울방학 때 내게 왔었다. 공부와 아예 담을 쌓고 운동만 했던지라 수학은 거의 중1 수준에도 미치지 못했다. 영어도 그랬다. 아니 전 과목이 그랬다. 중학 과정부터 시작했다. 남들이 고1 과정을 준비할 때다. 정말 열심히 했다. 하루는 와서는 오늘 9시간 동안 수학을 풀었노라 했다. 그런데 또 나랑 2시간을 했다. 무려 11시간 동안 수학 공부를 한 것이다. 이렇게 노력한 결과 부산대학교로 진학했다.

한 학생은 고1 여름방학 때 왔다. 수학 공부를 거의 안 해 점수가 20점대였다. 마인드 공부가 급선무였다. 동기부여를 통해 녀석이 변해갔다. 엄청나게 하는 것이다. 여름방학 강행군으로 2학기 중간고사에 2문제만 틀렸다. 기말고사도 그랬다. 고2가 되어서는 문과에서 수학은 톱이 되고 전 과목 전교 3등이 되었다. 고3까지 이를 유지해 그는 고려대학교로 진학했다.

세 번째 학생은 더 늦게 정신을 차렸다. 고3 6월 모의고사가 끝나고서야 현실을 자각하고 미래를 걱정하기 시작했다.

열심히 노력했지만 힘이 부족했다. 전문대를 갔다. 그러나 그는 끝까지 포기하지 않았다. 부산의 4년제로 편입을 했다. 그리고 결국에는 인서울까지 했다. 그는 나아가 영국 유학길에 올랐다. 거기서 학위를 따고 당당히 외국계 회사에 취업을 했다. 포기하지 않는 그의 집념이 그에게 열정을 가져다준 것이다.

이처럼 아이들은 늦게라도 꿈을 가지면 엄청난 힘을 낸다. 꿈을 갖는다는 것은 목표를 설정했다는 것이고 목표가 정해지면 우리는 우리가 모르는 사이에 강한 열정이 생긴다. 지금 꿈이 없다고 기죽지 마라. 언젠가 때가 온다.

그러나 너무 늦지는 마라. 그대들을 응원한다.

목 차

하면 된다

욕심 내지 마라

일진이라는 아이들

내일로 가는 아이들

길을 찾다

때론 부모가 아이를 망친다

하면 된다

동수야 기죽지 마라

그 녀석이 처음 내게 왔을 때가 중3이었다. 누나가 끌고 왔다고 해야 할까? 그때 그 아이는 천방지축이었다. 고민은 하나도 없을 것 같은 밝기만 한 아이였다. 고등학교 진학을 앞두고 그는 조금은 진지해졌다. 고등학생이 되고 그 진지함 속에서도 타고난 그의 천성인 밝음은 늘 빛났다. 유달리 여자애들을 좋아하고 인기가 많았던 그 아이는 여자 친구를 내게 자랑하기도 했다. 공부하라면 늘 하고 있다고 했다. 그러나 여전히 열심히 하는 것처럼 보이지 않았다. 그런 그가 고등학교 3학년이 되면서부터 달라지기 시작했다. 그때까지만 해도 늘 밝던 얼굴에 수심이 쌓여가는 게 보였다. 불안하고 초조해하고 조급해하는 모습이 역력했다. 대학입시라는 걸 그동안에는 무심히 남의 일처럼 보다가 막상 그것이 자신 앞에 닥쳤을 때 그 아이는 거의 멘붕 상태가 된 것이다.

'이게 뭐지?'

그는 모든 게 다 잘될 거라 생각했는데 준비가 안 된 자신을 보며 힘들어했다. 그의 얼굴은 점점 어두워져갔고 어느새 그 밝던 얼굴이 굳어져 갔다. 뒤늦게 정신을 차렸을 때 모두들 저만치 앞서가고 있었던 걸 알게 된 것이다. 결국 그는 전문대학을 갈 수밖에 없었다.

"기죽지 마라. 지금부터 헤쳐 나가면 돼. 한 단계씩 올라가는 거야."
"……"
"아직 끝난 게 아니야. 가는 길은 여러 가지가 있어. 문제는 너의 의지야."

나의 조언대로 그 아이는 그때부터 편입을 준비했다. 늦게 눈을 뜬 것이다. 드디어 지방 4년제 대학에 편입을 하고 나아가 소위 말하는 인서울(In Seoul)까지 했다. 그러나 그의 도전은 거기서 끝나지 않았다. 그는 곧바로 유학을 준비했다. 영국으로 유학을 떠난 날, 그가 기숙사를 찾아가던 길에 카톡으로 내게 보낸 노을 사진은 내 가슴을 뭉클하게 만들었다.

시련은 쉬이 끝나지 않았다. 그 아이는 유학을 마치고 돌아와 학교를 졸업하고도 쉽게 직장을 구하지 못했다. 그때 고뇌하던 모습이 안쓰러웠다.

"너무 큰 곳만 바라보지 마라. 작은 곳에 가서 네가 그걸 크게 키워주면 되지."

어느 날 그는 취직을 했다. 작은 외국계 회사라고 멋쩍어 했다. 내가 그의 어깨를 두드려 주자 그가 말했다.

"제가 크게 키우겠습니다. 선생님."

그날 우리가 부딪힌 소주잔은 미래를 향한 종소리 같았다. 어느 날 결혼을 한다고 청첩장을 가져왔다. 그때 나는 그의 결혼식에 가지 못했다. 집안 조카의 결혼식과 맞물려서였다. 그 아이는 애써 괜찮다고 했지만 아마도 조금 서운했을 것이다. 얼마 후 그가 찾아왔을 때 비로소 축하의 잔을 들었다. 세월은 흘러 그 녀석이 아이 아빠가 되었다. 아이를 데리고 왔다.

"아이 이름이 뭐냐?"
"유준입니다."
"널 꼭 빼닮았구나."

천방지축 중학생이 어느새 커서 졸업을 하고 취직을 하고 남편이 되고 아빠가 되었다. 내가 아빠가 되어 아이를 데리고 은사를 찾아뵈었을 때, 선생님의 마음도 이러했겠구나 하는 감회가 떠올랐다. 언젠가 명절이 되어 선생님을 뵈러 갔을 때다.

"애들이 좀 왔다 갔습니까?"
"아니야⋯⋯."

선생님은 말끝을 흐리셨다. 어떤 마음이신지 헤아릴 수 있었다.

"신 선생아!"
"예, 선생님."
"선생은 제자가 여럿 있다고 꼭 좋은 것은 아니야. 나는 너 하나로도 충분히 족하다."

그 말씀에 약간의 쓸쓸함을 느꼈지만 한편으로는 또 선생님의 심중을 알 것만 같았다.

"내 장례식에 사람을 부를 때 10명을 불러도 너는 그 안에 있을 것이고, 설사 5명만 불러도 너는 그 안에 있을 것이다. 내 말이 무슨 말인지 알겠느냐?"

"예, 선생님."

그때 나는 실상 정확하게 알아들은 것은 아니었다. 그냥 선생님의 지나가는 말씀으로만 생각했다. 그러나 해가 갈수록 제자들과의 왕래와 연락이 하나둘 끊어지면서 그때의 선생님의 말씀이 가슴에 와 닿았다. 선생이란 무엇일까? 어쩌면 외로운 자리인지도 모르겠다. 내가 제자들의 방문과 전화를 기다리듯이 아마도 선생님 또한 그러하시리라. 지나간 추억을 떠 올리시며 하늘을 바라보고 계실지도 모른다.

우리의 삶이 그러하다. 나는 종종 그 녀석의 끝없던 도전의 시간을 그의 후배들에게 이야기한다. 그가 겪은 많은 시행착오를 후배들은 겪지 않았으면 하는 바람으로 말이다. 무엇이 우리를 힘들게 하는지를 알아야 제대로 준비하지 않을까 생각하기 때문이다.

그동안 수고한 그에게 찬사를 보낸다. 그러나 삶은 이것으로 끝나지 않는다. 그도 이제 또 다른 출발을 한 것뿐이란 걸 알아야 한다. 단지 이제 연극에서의 1막이 끝났을 뿐이다. 이제 또 새로운 막이 열릴 것이다. 그러나 나는 믿는다. 그의 그 의지라면 못 할 게 없을 것이다.

철없던 10대 초반을 거쳐 입시를 준비하는 힘든 후반을 넘고 또 고뇌하던 20대를 거쳐 30대 중반에 이르기까지의 그의 이야기는 내가 자주 후배들에게 들려주는 이야기다. 10대에 꿈이 없고 도전정신이 없으면 힘들어진다. 기죽지 않고 살려면 한 가지만 생각하면 된다. 꿈을 갖고 그 꿈을 위해 열정적으로 사는 것이다.

죄송해요 선생님

평소 늘 존경하는 국어 선생님에게서 전화가 왔다.

"신 선생, 여기 학생 하나를 맡아줘야겠어. 성적이 별로 안 좋아. 미안하지만 신 선생이 맡아주면 고맙겠네."

그렇게 그 아이와의 만남이 이루어졌다. 성적을 보니 형편없었다. 지금까지 끊임없이 과외를 했단다. 도대체 그동안 뭘 어떻게 했던 걸까?

선생님의 부탁으로 맡긴 했지만 암담했다. 고3이었다. 늘 그러하듯이 기초부터 닦았다. 대수 분야와 기하의 기본을 가르쳤다. 그런데 의외로 받아들이는 게 빨랐다. 나는 어중간히 어디에선가 듣고 안다는 듯한 아이들보다 이처럼 흰 도화지 같은 아이를 가르치기를 좋아한다. 나만의 수학을 흡수해주기 때문이다. 기초를 닦는데 열심히 따랐다. 녀석이 늘 입버릇처럼 하는 말이 있었다.

"선생님 죄송해요."

"뭐가?"

"제가 너무 못해서요."

"그게 뭐가 죄송해. 열심히 해주니 고맙다. 더 열심히 하자."

"네, 선생님."

가끔씩 수업 중에 안절부절못하는 게 보였다. 나는 수업을 시작하면 두 시간을 꼼짝없이 한다. 그런데 1시간쯤 지날 때면 안절부절못한다. 그럴 때면 잠시 쉬었다. 어느 날 내가 물었다.

"홍아, 너 담배 피우나?"

"안 피우는데요."

"아니 샘이 야단치려고 하는 게 아니니 솔직히 말해봐라. 너 담배하지?"

"네⋯⋯."

녀석이 기어들어가는 소리로 대답했다.

"나가서 한 대 피우고 와라."
"에? 그래도 돼요?"
"어 그래. 나가서 피우고 와라."

녀석이 눈을 동그랗게 뜨고 쳐다보았다. 내가 고개를 끄덕여 나갔다
오라고 했더니 나간다. 담배를 피우고 온 그에게 내가 말했다.

"홍아, 담배를 피우는 건 좋은데 조금씩 줄여봐라."
"네……."
"샘하고 약속하는 거다. 당분간은 하루 5개비로 줄여 봐라."

녀석은 그 약속도 지켜나갔다. 고마웠다.
공부에 있어서도 녀석의 받아들이는 속도가 장난이 아니었다. 하나를
가르치면 두 개를 깨우쳤다. 신기한 놈이었다.

"홍아, 내가 보면 넌 천재적 기질이 있어."
"제가 무슨 천재예요? 저 같은 놈이……."

녀석이 내게 왔을 때 이런 얘길 했었다. 고3인 지금까지 수학 점수가

60을 넘어본 적이 한 번도 없었단다. 그래서 1차 목표를 60점을 넘기는 것으로 잡았었다. 그때 이 녀석과 같은 시기에 한 녀석이 더 왔었는데 그 녀석도 그랬다. 그런데 6월 모의고사에서 두 녀석 모두 60점을 넘겼다. 60점과 61점이었다. 지금까지의 인생에서 최고의 수학점수를 받은 것이다.

어머니하고 늘 상담을 하는데 아버지가 재수는 절대 안 된다고 하는 모양이었다. 그냥 아무 데나 4년제 대학만 들어가면 된다고 하는 모양이었다. 아이에 대한 아버지의 불신은 상당한 것 같았다. 그렇다고 내가 아버지와 직접적인 상담을 할 수는 없었다.

여름방학 때 나는 아이들에게 하드트레이닝을 시킨다. 아이들이 방학이 다가오면 죽었다는 얘기를 한다. 그렇다고 여태껏 그 과정을 못해낸 아이들은 없다. 그 과정을 마치면 아이들은 한결같이 말했다. 방학 1달 동안 공부한 게 1년 치 분량이라고 엄살을 떨었다. 그만큼 열심히 한다. 나는 학년을 무시한다. 선행학습으로 고1 공부를 하는 중2 아이에게 고1 형의 문제 푸는 걸 도와주라고 한다.

"정우야, 이 형한테 이 문제 설명해줘라."

그러면 그 아이가 고1, 고2 형 누나에게 문제를 설명한다.
어느 날 온 지 두 달쯤 된 여자아이가 말했다.

"샘, 쟤 있잖아요. 내가 앞에 수업 받았던 학원 샘보다 더 잘 가르쳐요."

그 아이는 같은 학년의 남자아이에게 전담을 맡겨놓고 있었다. 그도 그럴 것이 나는 아이들과 수업을 할 때 한 아이를 불러내어 풀면서 설명하라고 한다. 그러면 나머지 아이들이 들으면서 의문점을 질문하고 그 문제를 해결해 나간다. 내가 옆에서 툭툭 던지는 질문에도 모두가 답해야 한다. 외워서 푸는 아이들에게 왜 거기서 그렇게 접근하는가를 집요하게 묻는다. 답을 못하면 아웃이다. 문제의 어떤 문구 때문에 그렇게 접근하는지를 확실히 알게 하는 것이 중요하다.

9월 모의고사가 다가왔다. 몇 년간의 9월 모의고사를 가지고 집중적으로 공부했다. 녀석은 하루가 다르게 실력이 늘었다. 모의고사 성적이 나왔다. 78점을 받았다. 내가 다시 말했다. 아버지에게 무릎 꿇고 한번만 밀어 달라고 진지하게 말씀드리라고 했다.
녀석에게서 전화가 왔다.

"샘, 아버지가 재수하고 싶으면 하라고 했습니다."

다음날 녀석은 눈물을 글썽였다. 정말 처음으로 아버지에게서 인정을 받은 것이었다. 엄마가 늘 안쓰러워했다. 아버지에게서 사랑을 받지 못하고 늘 기가 죽어 지내는 아이였단다. 녀석은 말이 약간 어눌하다. 혀가 짧은 듯한 말투에 느릿느릿하게 말을 하니 성질이 급한 사람은 아마도 얘길 하다 보면 속에서 불이 날 지경일 수 있었다. 아버지가 그랬던 것이 아닐까? 아들에게 바라는 기대치에 늘 부족한 모습에 역정을 내고 다그치고 그럴수록 아이는 주눅이 들었던 것이 아닐까?

녀석은 가장 큰 불인 수학에서 자신감을 얻고 있었다. 한번은 이런 일도 있었다. 녀석을 소개한 국어선생님으로부터 전화가 왔다.

"신 선생, 어제 홍이가 내게 선물을 가져 왔어. 난 말이야, 내가 너무 잘 가르쳐서 그런가 했는데, 녀석이 뭐라는 줄 알아?"

"뭐랬는데요?"

"좋은 수학선생님을 소개해주셔서 감사하다고 엄마가 갖다 드리라고 했다는 거야. 내 살다 살다 이런 선물은 처음 받아본다."

녀석은 마지막 모의고사에서 88점을 받아 1등급이 되었다. 그런데 그해 대학 원서를 쓰지 않았다. 내가 어디라도 붙고 준비해도 된다고 했지만 아버지는 그렇게 하면 재수에 몰두할 수 없으니 원서를 쓰지 말라고 한 모양이다.

녀석은 재수를 하러 바로 경기도에 있는 모 기숙학원으로 갔다. 열심히 하고 있을 줄 알았던 녀석이 9월 모의고사가 끝나고 전화가 왔다.

"선생님, 저 좀 도와주세요."

힘이 없는 목소리였다.

"무슨 일이야? 뭐 일 있어?"

녀석이 왔다.

기숙학원에 갈 때 신신당부를 했건만 그동안 공부했던 노트도 잃어버리고 거기서 여자를 사귀다가 헤어져 공부를 못 했다는 거였다. 어찌 이런 일이…….

"그런데 왜 이제야 연락을 한 거야?"
"샘한테 너무 미안해서…….."

성적이 너무 떨어져 있었다. 거의 5~6등급이었다. 어찌 이 지경이 될 수 있는지 믿기지 않았다. 한 달 반 동안 수습을 했지만 결국 시간이 모자랐다. 결국 녀석은 경기도에 있는 모 대학을 갔다. 안타까운 일이다.

가르치는 것은 쉬운 일이 아니다. 기계적으로 가르치고 기계적으로 배운다고 해서 잘할 수 있는 게 아니다. 마음과 마음이 연결되어야 한다. 그것이 가르침이고 배움이다.

학교에서는 잠만 자는 아이

"선생님, 누가 찾아 오셨어요."

"누가? 어디 계신데?"

수업을 마치고 나오는데 사무실 직원이 누가 찾아왔다는 얘기를 전했다. 기다린다는 커피숍을 찾아 호출을 했다. 살짝 일어서는 여성분이 보였다. 아우라가 장난이 아닌 귀부인이었다. 순간 내가 당황해서 어떻게 대처해야 할지 난감했다. '어머니 어떻게 오셨나요?'도 아니고 순간 내가 뱉은 말은 "부인, 어떻게 오셨습니까?"였다. 지금 생각해도 내 얼굴이 화끈해진다.

"선생님, 안녕하세요. 처음 뵙겠습니다."

"무슨 일로 절 찾아오셨는지?"

"우리 애를 한 번 맡아주십사 하고……."

부인은 누구의 소개로 날 찾아왔노라 했지만 그 누가 누구인지는 극구 얘길하지 않았다. 다만 나를 잘 아는 분이라고만 했다.

"근데……. 요즘 제가 시간이 없습니다. 스케줄이 다 차서……."

"네, 선생님. 그냥 우리 애를 한번 만나봐 주시면 감사하겠습니다. 부탁드립니다."

어머니는 정말 정중하고도 간절하게 내게 부탁을 했다. 그 부탁을 한사코 거절하기는 쉽지 않았다. 그럼 일단 한 번 아이를 보겠다고 했다.

"선생님, 감사합니다. 정말 감사합니다."

그 귀부인은 도도함이란 없이 그때는 정말 절실한 어머니의 모습이었다. 어쩌면 그 마음에 내 마음이 열렸을 것이다.

밤늦은 시간에 집을 찾았다. 그렇게 큰집은 여태껏 보지 못했다. 대문에서 현관까지 가는 데도 한참이 걸렸다. 늦은 시간이지만 불을 환하게 밝혀놓아 정원이며 뒤쪽 잔디 언덕이 대낮처럼 밝았다. 아마도 허세보다는 나를 위한 배려 같았다. 고마웠다. 어머니가 현관에서 반겨주었다.

실내에는 그때 처음 보는 아이와 아버지가 있었다. 아버지와 통성명을 하고 자리에 앉았다.

"고3이라고?"

"네……."

여리게 보이는 여자아이였다. 성적이 형편없었다. 모의고사 총점이 채 100점이 되지 않았다.

"선생님에게는 모두 솔직하게 대답해야 한다. 알겠지?"

"네……."

기어들어가는 목소리에서 아이가 가지고 있는 중압감과 두려움을 느낄 수 있었다.

"알고 푸는 게 하나도 없는 거지?"

"네……."

"학교에 가면 잠만 자지?"

"네……."

아이의 대답은 우리 모두를 놀라게 했다. 짐작을 하고 있었을 부모님들까지 이 정도일 줄은 몰랐던 것 같았다. 대대적인 수술……. 그런 게 필요했다. 아이가 안쓰러웠다. 어쩌다가 이 지경이 되었을까? 그동안 학교와 부모는 무얼 했을까? 은근히 화가 났다. 그러나 어쩌겠는가. 지금 눈앞의 현실이 이러하니……. 난감했다.

"전 과목 과외선생님을 붙여야 합니다."
"학교는 출석일수만 맞춥니다."
"잠자는 시간을 빼고 아이를 관리할 사람이 필요합니다."

내가 제시한 조건을 수용하실 수 있다면 고려를 해보겠다고 하고 집을 나왔다. 운전석에 앉아 한참을 생각했다. 뭘 어떻게 하지? 어떻게 저럴 수가 있지? 오만 생각이 머리를 복잡하게 했고 알 수 없는 분노가 일었다.

이튿날 전화가 왔다. 모든 걸 내게 맡기겠노라고 했다. 내 마음이 분주했다. 이 아이를 제대로 케어하기 위해서는 베테랑 선생님들이 필요했다. 국·영·수는 최고의 선생님으로 하고 나머지 학과는 대학원생으로 포진을 시켰다. 대학원생 중에는 아이를 잠자는 시간 빼고 관리할 여선생님도 있었다.
24시간 스케줄을 만들었다. 이것은 하나의 거대한 프로젝트다. 선생님

조각이 끝나고 회의를 시작으로 곧바로 그날부터 공부가 시작되었다. 문제는 내가 들어갈 수업 시간이었다. 낮 시간이나 밤늦은 시간밖에 없었다. 더 큰 문제는 내가 버텨낼 체력이 있을까 하는 거였다.

드디어 아이와의 첫 수업이 시작되었다. 나는 항상 아이들을 맡으면 초기엔 정신교육에 치중한다. 물론 아이와의 라포(Rapport) 형성은 기본이다. 얌전하고 다소곳했다. 예쁜 아이였다. 그것이 아이의 처음 모습이었다.

"이건 장난이 아니다. 알지?"
"네⋯⋯."
"모든 건 네가 어떻게 따라오느냐 하는 데 달렸다. 할 수 있겠니?"

아이가 고개를 끄덕였다. 정말 수학의 기본부터 시작했다. 더하기 빼기부터 시작했다. 사칙연산부터 시작한 것이다. 기하도 역시 그랬다. 길이 넓이 부피를 구하는 기본부터 시작했다. 머리가 없진 않았다. 이런 아이를 왜 지금까지 방치를 했을까? 그동안의 선생님들은 무얼 한 걸까? 또 화가 났다.

아이는 정말 열심이었다. 아이를 총괄하는 선생님으로부터 내내 보고를 받았다. 먹고 자는 시간을 빼고는 공부였다. 아이는 학교를 아예 가지 않거나 출석만 하고 조퇴하는 날이 많았다. 어차피 학교에서는 아이가 따라갈 수 있는 수업이 없었기 때문이다. 출석일수만 채우는 전략을 편 것이다. 24시간을 집에서 보내는 날이 많았다. 모든 선생님이 타이트하게 녀석을 지도했다. 하루를 삼일처럼 썼다. 그 강행군을 아이가 따라와 주었다. 무서운 집념이었다. 어떻게 저 체구에서 저런 집념이 나오는 걸까 의아했다. 모든 선생님들의 지도과정을 체크했다. 단 1분도 허투루 쓰지 않았다.

프린트로 하던 기본 공부를 마치고 정석을 풀기 시작했다. 어느 날 문제를 풀고 있는 녀석을 보고 나도 모르게 눈물이 났다. 감동이었다. 녀석의 등 뒤에서 눈물을 훔쳤다. 몰두하면서 쓱쓱 풀어나가는 모습이 감동이었다. 대견했다. 그 강행군에 토 한 번 안 달고 따라와주는 녀석이 기특하고 대견했던 것이다. 내가 수업을 하는 날에는 마치는 시간이 거의 새벽 2시였다. 그런데 그날 새벽 6시에 총괄선생님이 들어가면 책상 앞에 앉아 수업준비를 하고 있다는 것이었다. 아무리 빨리 자도 2시 10분이고 아이가 일어나 세수라도 하려면 5시 50분에는 일어났을 터이다. 채 4시간을 자지 않고 버티는 것이었다.

한번은 수업을 하는데 아이가 코피가 터졌다. 안쓰러웠다. 오늘은 여기까지만 하자고 했더니 괜찮단다. 더 할 수 있단다. 코피가 잘 멈추지 않았다. 녀석은 제 콧구멍을 휴지로 틀어막았다. 그런데 잠시 후 공부를 하는 중에 책 위로 코피가 뚝뚝 떨어졌다. 코피가 휴지를 모두 적시고 떨어진 것이다. 독종, 독종이다. 그 말이 생각났다. 무엇이 이 아이를 이렇게 만들었을까?

그 당시는 본고사가 있던 시절이다. 이화여대를 지원했다. 예비고사를 치고 난 뒤 본고사를 치러 갈 때다. 하루 먼저 호텔을 잡고 총괄선생님만 딸려 보냈다. 봐야 할 내용을 모두 정리를 해서 한보따리를 싸서 갔다. 반드시 다 보게 해야 한다고 신신당부를 했다.

"괜찮아. 그 동안 열심히 했으니 지금껏 한 것처럼 하면 돼. 절대 욕심 내지 말고 방심하지 마라. 알겠지?"
"네……."

녀석은 그 큰 눈망울로 나를 쳐다봤다. 의지가 보였다. 그 눈을 보고 내가 눈시울이 뜨거워지는 걸 느끼고 얼른 눈을 피했다. 모든 것은 끝났다. 진인사대천명. 이제는 하늘의 결정만 남은 것이다.

발표 당일 날 새벽 전화벨 소리에 잠을 깼다. 이 이른 시간에 무슨 전화지? 혹시?

"여보세요?"

"선생님, 감사합니다. 감사합니다."

어머니는 울먹이면서 감사하다는 말만 계속 계속했다. 합격이었다. 기나긴 싸움이 끝나는 순간이었다. 아……. 하나님, 감사합니다. 감사함이 가슴을 떠나지 않았다. 하늘은 스스로 돕는 자를 절대 저버리지 않는다. '하늘은 스스로 돕는 자를 돕는다.'라는 말을 그때처럼 실감한 날이 없었다.

하면 된다

"신 선생, 아이 하나 맡아주라. 돈도 많이 못 준다."

"네?"

"집안 형편이 썩 안 좋아."

"일단 보내보세요."

아는 영어선생님으로부터 전화를 받고 처음엔 "뭐야?" 하는 생각이 들었다. 회비를 제대로 받을 수 없다는 얘기가 마음에 걸렸기 때문이다.

녀석은 씩씩했다. 수학이 너무 어렵단다. 성적을 물으니 26점이란다.

그때가 1학년 여름방학이 시작되는 때였다. 그 동안 열심히 과외를 받았는데도 성적이 점점 떨어진다고 했다.

"방법을 바꿔보자. 선생님 시키는 대로 할 수 있겠어?"
"네, 할 수 있습니다. 열심히 하겠습니다. 맡아만 주십시오. 선생님."

아마도 영어선생님에게서 뭔가 조언을 받은 듯했다. '무조건 졸라라. 무조건 맡아주십사 하라.'는 절대적 지령 같은 거라고나 할까?

"어차피 방학 때는 시간이 난다. 문제는 방학이 끝나면 시간이 없을 수 있다. 너 하기에 달렸다. 네가 잘릴지 누가 잘릴지는 아무도 몰라. 그건 그때 결정이 날 거다. 그래도 시작할 거냐?"
"네, 진짜 열심히 하겠습니다."

그렇게 녀석과의 인연이 시작되었다. 정말 못 말릴 녀석이 왔다. 녀석은 아침 9시면 어김없이 도착을 했다. 수업이 없는 시간에는 모두가 자습실에서 공부를 한다. 내가 가끔 수업 중 나와서 자습하는 아이들을 챙긴다. "질문 있는 사람?" 그러고는 논점을 짚어주고 들어간다. 절대로 내가 끝까지 풀어주는 일은 없다. 함께 논점만 짚어나가는 것이다. 그래도 못 풀면 다른 아이에게 지시한다. '누구야, 이 문제 설명해줘라.'라는 식이다. 모든 건 아이들 스스로 해결하거나 함께해 나간다. 내가 운동할 때

배우던 것을 벤치마킹했다고 볼 수 있다. 높은 유단자가 아래 급 아이를 지도하는 형국이다. 3단이 2단을, 2단이 초단을, 초단이 급수 아이들을 지도하는 것이다. 학원에서 나는 학년은 완전히 무시했다. 모든 건 실력 위주였다.

녀석은 점심때가 되면 30분이나 걸리는 집까지 갔다가 다시 와서 공부하고 또 저녁을 먹으러 갔다가 와서 공부를 했다. 왕복 1시간씩이면 그만큼 공부를 못하지 않느냐 했더니 자기의 유일한 운동이랬다. 본인의 수업은 일주일에 두 시간씩, 두 번의 수업이 전부이지만 하루 종일 공부하는 시스템이었다. 빈 강의실에는 아이들끼리 모여서 한참 문제를 풀고 있었다. 내가 지정하는 아이가 선생이 되는 식이었다.

'가르치는 게 최상의 공부다.'

내가 아이들에게 하는 이야기다. 남을 가르치면서 확실한 개념을 정리하고 문제를 제대로 파악하고 접근하는 법을 깨닫게 되는 것임을 아이들에게 주지시킨다. 모든 아이가 학생이자 선생이었다. 어떤 아이는 역사, 어떤 아이는 생물 등 제각각 잘하는 분야가 있다. 그 과목에는 그 아이가 선생이 되었다.

역사를 좋아하는 아이가 있었다. 그 아이는 지금 대학을 졸업하고 임용고사를 준비하고 있다. 그 아이가 학원에 다닐 때다. 아이들이 이구동

성으로 말했다.

"샘, 누구누구는 학교 샘보다 더 잘해요."
"그런 소리 하는 게 아니야."
"진짜예요. 학교에서 샘이랑 역사 얘기하다가 쟤가 이겼어요."

녀석을 따로 불러 얘기했다.

"앞으로는 수업시간에 선생님한테 그런 식으로 하면 안 된다. 따로 교무실에 가서 얘기를 해라. 그건 선생님에 대한 예의가 아니다. 선생님은 역사 선생님이시지만 모든 영역에 해박하기란 쉬운 일이 아니다. 그 선생님도 특정한 시대에 취약할 수 있는 것이다. 알겠어?"
"네……."

녀석은 퉁명스럽게 대답을 했다. 아이들이 그런 것을 이해하기란 쉽지 않다. 제 놈이 선생이 되어야 내 말을 이해할 것이다.

이야기가 삼천포로 빠졌다. 다시 돌아와서 그 녀석은 아침 9시에 와서 밥 먹으러 왔다 갔다 하는 시간과 다른 과목 공부하러 갔다 오는 시간을 빼고는 하루 종일 공부만 했다. 거의 수학공부였다. 밤 11시가 되어도 집에 갈 생각을 안했다.

"야, 이제 집에 가."

"아 샘, 죄송합니다. 요것만 정리하고 갈게요."

"얌마, 샘도 사생활이 있잖아. 네가 가야 정리를 하지."

"샘, 그냥 제 신경 쓰지 마시고 사생활하세요."

녀석은 늘 이런 식이었다. 방학 동안에 얼마나 공부를 했는지 모른다. 머리가 터지겠단다. 그러나 모든 아이들이 방학 때 하는 공부를 좋아했다. 내 눈엔 그렇게 보였다. 땀 흘리며 격렬히 운동하고 난 뒤에 맛보는 희열 같은 걸 것이다. 어떤 녀석은 여름 방학이 끝나면 바로 겨울방학이 기다려진다고 할 정도였다.

2학기 중간고사가 다가오고 있었다. 녀석은 방학 동안에 수학 기초와 1학기 과정을 모두 마쳤다. 2학기 중간고사를 대비했다. 모의고사를 무려 12회나 풀었다.

"샘, 모의고사 더 없어요?"

"얌마, 내가 너만 가르치나. 이노무시키야."

그러면서도 녀석이 틀리는 문제 유형을 위주로 또 모의고사 문제지를 편집해줬다. 하려고 하는 놈에겐 무한정 떠먹인다. 그게 내 지론이었다. 시험이 3일 앞으로 다가왔는데 녀석은 초조해하기는커녕 빨리 시험을 치고 싶다며 난리였다. 오히려 시험 날짜가 빨리 안와서 초조해하는 듯했다. 시험이 끝난 날 전화가 왔다.

"쌤, 두 개 틀린 거 같아요."
"뭐야? 진짜야? 오 마이 갓!"

0.1점 차로 전교 2등이랬다. 어찌 이런 일이?? 오히려 내가 어안이 벙벙했다. 그런데 며칠 후 녀석이 오자마자 씩씩댔다.

"왜? 무슨 일 있어?"
"샘한테 불려 갔다 왔어요."

학교에서 커닝을 의심해 불려갔다는 것이다.

"그럴 수도 있다. 네가 1학기 점수가 형편없었는데 당연히 선생님 입장에선 그럴 수도 있어. 네가 실력으로 증명하는 수밖에 없다. 알겠어?"
"네……."

녀석은 기말고사에서도 두 문제를 틀려 전교 1등이 되었다. 이번에도 0.1점 차로 1등이 된 것이다. 겨울방학이 끝나고 2학년 첫 시험에서 문과 전교 3등에 올랐다. 3학년이 되어서도 졸업 시까지 줄곧 전교 3등을 유지했다. 전교 1등을 못한 아쉬움이 컸겠지만 우리는 만족했다.

고3 어느 날 녀석에게서 전화가 왔다. 아버지가 아침 운동을 나갔다가 실족사하셨다는 거였다. 황망했다. 무슨 위로가 필요할까. 어머니에게 용기를 내시라 했다. 녀석에게는 모진 말을 했다.

"이제 네가 가장이다. 약해지면 안 된다. 네가 약해지면 어머니가 더 힘들어하실 거다. 내 말이 무슨 말인지 알겠지?"

"예, 쌤."

3학년 3월, 6월 모의고사에서 1등급을 받았다. 여름방학부터는 수학을 끊고 국어를 하러 보냈다. 수학은 지금 실력을 유지하면 1등급은 무난하다고 보았다. 녀석은 그해 SKY의 K대를 진학했다. 경영학과를 가고 싶어 했지만 안정권으로 노어노문학과로 갔다. K대는 복수전공이 잘 되어 있으니 가서 복수전공을 하라고 일렀다. 녀석은 경영학과 복수전공을 했다.

"쌤, 학교 교수님이 쌤하고 똑같은 말을 했어요. 깜짝 놀랐어요."

과 교수님 말이 어학은 기본 베이스고 이를 토대로 경영학 등의 복수전공을 하라고 한 모양이었다. 내가 한 말과 똑같았으니 녀석이 놀랄 만했겠다. 녀석은 학교 장학금과 사설단체의 유학지원프로그램에 참가해 장학금을 지원받아 러시아로 1년 유학을 다녀왔다. 거기서 대사관 직원의 아이들의 수학을 지도하게 되었단다. 수시로 보이스톡으로 전화가 와서 물었다.

"샘, 이러이러한데 문제가 뭘까요?"

내가 뭐라고 하면 "역시 샘! 저도 그리 생각하고 있었습니다."라고 너스레를 떨었다. 지금은 CPA 1차를 합격하고 2차를 준비하고 있다.

하면 된다. 기초가 없다고 포기하지 마라.
문제는 하고자 하는 마음이다.

꼴찌에서 우등생으로

학원 부원장님의 호출이 있었다. '무슨 일이지?' 하며 찾아갔더니 대뜸 아이 하나를 맡아달라고 하신다. 지금 비는 시간이 없다고 말씀드렸건만 막무가내였다.

"신 선생, 그러니까 내가 부탁을 하는 거잖아. 시간을 좀 **빼주라**."

난감한 일이었다. 누구를 빼고 대신 맡는단 말인가?

"그럼 당분간 12시 30분에 시작할 수 있는지 알아봐주십시오."

"어 그래, 고맙네 고마워. 신 선생."

　부원장님에게서 연락이 왔다. 당분간 평일 한 번은 12시 30분 시작이었다. 그 대신 일요일은 오전 11시로 잡아주었다.

　처음 녀석을 만나 성적을 체크하는데 A4용지에 다른 애들 이름에는 없고 그 녀석 이름이 있는 줄에만 빨간 밑줄이 그어져 있었다. 반 33명 정원에 33등……. 잠시 멘붕이 왔다. 이미 맡는다고 부원장과는 약속을 했으니 깰 수는 없었다. 다행히 문과였고 2학년이었다. 아이만 잘 따라준다면 못할 것도 없다는 생각을 했다.

"지금까지의 정신 상태로는 아무 것도 못 한다. 할 수 있겠나?"

"네."

"소리가 그것밖에 안 돼? 할 수 있겠어?"

"예, 열심히 하겠습니다."

"나는 영어 샘이랑은 달라. 안 하면 매를 든다. 알았나?"

"예."

　말은 그렇게 했지만 나 자신이 먼저 더 난감했다. 꼴찌다. 그렇다면 전혀 기본이 안 되어 있을 뿐 아니라 공부 자세도 안 되어 있는 녀석이다. 이 녀석을 어떻게 끌고 간다? 부원장이 원망스러웠다. 뭐 이런 애를…….

기초부터 시작했다. 그런데 도무지 집중을 하지 못했다. 엎드려뻗쳐를 시켰다.

"하나 하면 팔을 굽히고 둘에 팔을 편다."
"하나……. 둘."
"복창해라. 하나 하면 '나는 왜 이럴까', 둘 하면 '정신을 차리자.'"
"하나……. 둘."

어떤 때는 원산폭격을 시켰다. 과일을 들고 온 어머니가 보시고는 황망히 나가셨다.

"똑바로 해. 자식아. 엄마가 왔다고 봐줄 것 같아?"

집중력을 키우는 게 급선무였다. 어떡하지? 어떡해야 이놈의 집중력을 키울 수 있을까? 순간 마당 한편에 있던 탁구대가 생각났다.

"저기 마당 옆 창고에 세워져 있는 거 탁구대냐?
"예."
"그럼 샘이랑 탁구 한번 칠까?"

부모 입장에서는 비싼 과외비 내고 공부시켜 달랬더니 탁구나 치고 있

다고 생각할지 모른다. 그러나 이것도 가르침의 하나다. 그것도 무엇보
다 중요한…….

탁구를 치고 올라왔지만 심드렁했다.

"왜? 무슨 문제 있어?"
"저는 탁구 별로 안 좋아합니다."
"그럼 저건 누가 치는데?"
"엄마 아빠가 치는데요."
"뭐라고? 그럼 넌 뭘 좋아하는데?"
"저는 농구를 좋아합니다."

그날로 마당 한 편에 농구대를 설치해달라고 어머니에게 말했다. 그
다음 시간에 갔더니 농구대가 떡 하니 서 있었다. 일요일이면 한 게임을
하고 공부를 했다.

어느 날 내가 와 있는데도 녀석이 올라오지 않았다. 녀석의 방은 2층에
있었다. 내가 내려가봤더니 한참 채팅을 하고 있었다.

"뭐 이런 놈이 있어? 빨리 따라와."
"아 지금 끝나는데요."

"가서 매 하나 들고 와."

녀석이 나가더니 얇은 나뭇가지를 하나 들고 왔다.

"이게 매야? 몽둥이 구해와."
"집에 그런 거 없는데예."
"저기 마당에 나뭇가지라도 꺾어 와."
"저거 비싼 건데요. 아버지가 아끼는 거라서……."
"너 뒤져서 매 같은 거 나오면 죽는다."

내가 녀석의 방을 뒤지니 대나무로 된 통소가 나왔다.

"여기 좋은 거 있네."
"그건 악긴데예."
"악기 같은 소리하고 있네. 엉덩이 대라."

녀석은 그날 불이 나게 맞았다. 병 주고 약 준다고 해야 할까?

"아프냐? 샘도 아프다. 나는 뭐 때리면 기분이 좋은 줄 아냐? 제대로
안 하면 앞으로 오늘보다 더 한 벌을 주겠다. 알았어?"
"예……."

그래도 녀석은 착했다. 조금씩 조금씩 공부를 하기 시작했다. 얼마 지나지 않아 나를 잘 따랐다. 성적도 조금씩 나아졌다. 수학 기초와 고 1학년 수학과정을 마치고 2학년 수학에 들어갔다. 시간은 어느새 2학년 겨울방학이 다가왔다.

그해 겨울방학 전에 술에 취한 그 집 아버지와의 불편한 일이 있었는데 그 추운 겨울에 어머니가 우리 아파트까지 찾아와 용서를 빌었다. 내 이름 하나로 관리실에서 나를 찾아온 것이었다. 자기가 애 아빠를 대신해 사과를 하니 제발 노여움을 푸시라 했다. 술에 취하면 난동을 부리곤 해서 가족들도 다 주눅이 들어 있다고 했다. 알았다고 했다. 다음에 수업하러 갔더니 아버지가 용서를 구했다. 어쩌겠는가? 술이 문제다.

겨울방학이 끝나고 3학년이 되었다. 학교 성적이 나왔다. 수학 성적이 반 3등이었다. 녀석은 2학기가 되어서는 수학 성적이 전교 3등이 되었다. 전 과목 석차도 전교 3등이었다. 녀석은 성균관대를 합격했다.

욕심 내지 마라

수학에 공포를 느낀 아이

어느 날 자그마한 여자아이가 엄마랑 함께 학원에 왔다. 상담을 하니 중학교 때는 공부를 잘했는데 고등학교에 들어와서 수학 성적이 너무 떨어졌다는 거였다. 그때가 고2 4월 말이었던 걸로 기억한다. 최근 친 시험 점수가 39점이라고 했다. 상담을 마치고 아이와 엄마가 가고 나니 애들이 난리가 났다.

"쌤, 저 애 우리 학원에 와요?"

"응, 그럴 거야. 왜?"

"쟤 엄청 공부 잘하죠? 우리 중학교 때 전교 1등이었어요."

"그래?"

의아했다. 중학교 때 전교 1등 하던 애가 저렇게 망가질 수가 있나? 뭐가 문제일까? 남자애들도 문제지만 여자아이들은 훨씬 더 많은 변화를 가져오는 걸 보긴 했다. 다행히 이 아이도 문과생이었다. 문과는 이과보다 훨씬 수월하다. 조금만 푸시를 하면 쉽게 일어날 수가 있다. 문제는 원인을 찾는 것이다.

아이와 공부를 시작하고 여러 번의 상담을 통해 원인을 파악할 수 있었다. 첫 번째 원인은 수학에 대한 공포를 가지고 있었다. 아니 시험에 대한 공포를 가지고 있었다. 원인이 고등학교 첫 시험이었던 것 같았다. 고1 첫 중간고사 점수를 잘 받지 못한 것이 원인으로 보였다. 중학교 때 백점을 받았는데 고등학교에 와서 처음 60점대의 점수를 받은 것이다. 두 번째로는 타인들의 시선이었다. 아니 자격지심이었다. 아이들 보기가 부끄러웠다고 한다. 자기보다 못하던 아이들이 자기보다 더 높은 점수를 받았고 그에 대한 자괴감이 컸던 것 같았다.

"공부 방법부터 바꿔야 한다. 고등수학은 외운다고 되는 게 아니다. 정확하게 분석을 하고 하나하나 접근하는 법을 확실히 알아야 한다. 알겠어?"

"네……."

"그리고 주눅 들 필요가 없다. 남을 의식할 필요도 없다. 모든 건 너만의 문제인 것이야. 무슨 말인지 알겠어?"

"네……."

녀석은 곧잘 했다. 중학교 때 잘했다더니 대수와 기하의 기본은 충분히 알고 있었다. 문제는 응용능력이었다. 알고 있는 것과 그것을 활용하는 능력은 다르다. 문제 속에 녹아 있는 논점을 찾아 무엇을 가지고 와서 이것을 풀어내야 하는지를 빨리 캐치해야 한다. 드라이버를 써야 할지 망치를 써야 할지를 판단해서 적재적소에 쓰는 것과 같은 것이다. 드라이버를 써야 할 곳에 망치를 쓸 수 없고, 망치를 써야 할 곳에 드라이버로 해결할 수 없는 것이다.

공부를 시작하고 첫 번째 치르는 시험이 다가왔다. 6월 모의고사였던 걸로 기억을 한다.

"이번 시험 목표는 39점이다. 알았어?"

"네……."

녀석은 탐탁지 않는 모양이었다.

"왜? 만점 맞을라고?"

"아니요"

"높게 잡을 필요 없어. 언제나 목표는 앞서 받은 점수야. 알았어? 그만큼만 남기고 모두 버려라."

나는 시험지를 받으면 버릴 문제를 먼저 골라내라고 한다고 가르친다. 골라서 과감하게 돼지꼬리 표시를 하라고 한다. 39점이 목표면 반을 날려도 된다. 다 날리고 남은 문제만 최선을 다해서 푸는 것이다.

만일 그러고도 시간이 남으면 딱 한 문제만 가지고 와서 더 풀으라고 한다. 두 개 세 개를 더 풀려고 하다 보면 망친다. 딱 하나만 더 풀어야 한다. 만일 그러고도 시간이 나면 또 하나를 그런 식으로 풀어내는 것이다. 시험에는 요령이 필요하다는 것을 주지시킨다.

공부를 마치고 나가는 녀석의 어깨를 툭 치며 내가 말했다.

"이번 시험 목표는 몇 점?"
"39점이요."

녀석이 웃으며 말했다.

"편하게 치고 와. 다 틀려도 돼. 알았어?"
"네."

녀석이 씩씩하게 대답했다. 내가 말한 어떤 전략으로 접근하는지를 이해한 것이다. 그 시험에서 녀석은 78점을 받았다. 어렴풋이 희망이 보였다. 녀석도 강박관념에서 벗어나 자신감을 얻은 시험이었다. 여름방학이 지나고 중간고사가 시작되었다. 수학시험이 끝난 것 같았다. 녀석에게서 전화가 왔다.

"쌤, 하나 틀린 거 같아요."

그 말을 듣는 순간 소름이 돋고 눈물이 돌았다. 내가 왜 눈물이 나고 지랄이야? 나는 연신 잘했다고 하고 다른 시험도 잘 치라고 했다. 그 시험에서 수학 성적이 전교 1등이었다. 기말고사에서도 1등을 했다. 그때부터 녀석은 전교 1등을 되찾았다. 아니 고등학교에 와서는 처음이었으니 되찾은 건 아니다. 처음으로 우뚝 선 것이다. 고2 11월 모의고사에서는 만점을 받았다. 내가 놀렸다.

"와~~ 이제 수학 전국 1등이네."
"아 쌤, 전국 1등이 뭐예요?"
"야, 이 녀석아. 만점이면 전국 1등이지. 동점자가 몇 명이든 다 전국 1등인 거야."

녀석도 기분이 좋아 보였다. 연신 싱글거렸다. 수학에 대한 공포, 아니 수학 시험에 대한 공포를 털어내자 녀석은 금방 자신감을 찾았다.

3학년에 올라와서 작은 해프닝이 있었다.

"샘, 저 전과하면 안 될까요?"
"뭐? 전과? 지금 와서 그게 무슨 말이야?"
"저 사실은 한의학과를 가고 싶었거든요."

지금 3월이다. 전과는 늦다. 이과 수학을 지금 몇 개월 동안에 해결한다는 건 쉬운 일이 아니다. 수학뿐만 아니다. 물리, 화학, 생물도 해야 한다. 할 게 너무나 많다. 아무리 해도 그건 아닌 것 같았다. 결국 전과는 포기하고 대학을 붙여놓고 재수를 생각해보자고 했다.

녀석은 성균관대를 합격했다. 그리고 곧바로 재수를 시작했다. 그러나 결국 한의학과는 지원한 모든 대학에서 탈락을 했다.

안타깝지만 어쩌겠는가? 녀석은 그 다음부터는 아예 미련을 버린 것 같았다. 요즘은 문·이과 구별 없이 통합교과가 되었다. 잘한 정책이다. 아이들은 고등학교까지 대부분 자신의 적성을 찾지 못한다. 그러니 대학을 졸업하고도 제 전공을 찾아먹는 경우가 드물다. 교육이 더 바뀌어야 한다. 초·중·고등학교 때 입시 위주의 공부가 아니라 자기의 적성을 찾는 공부를 해야 한다. 자질은 어릴 때부터 나온다면서도 학교 교육은 그렇게 시행되지 않고 있다. 모든 것이 형식적이다. 미술교육, 음악교육, 체육교육을 보면 사교육의 절반도 따라가지 못한다. 눈 감고 아웅 하기다. 모든 건 사교육에 의존하고 있다. 교육 혁명이 필요하다. 교육이 중심이 되는 국가가 되어야 한다. 미래를 이끌 수 있는 국가는 교육 대국인 것이다.

시험이 무서운 아이

"선생님 생각은 어떠십니까?"

"제가 보기엔 지금 잘하고 있습니다. 시험에 대한 주눅만 해결하면 다 해결될 일이라고 봅니다. 좀 더 아이를 믿고 기다려보십시오."

"그럼 선생님만 믿고 있겠습니다. 잘 부탁드립니다."

아이 아버지의 전화였다. 이처럼 대개 아버지가 아이의 공부에 관여하는 것은 거의 최후통첩이라고 봐야 한다. 그래도 이 아버지는 나와 상담을 하는 것만으로도 양반이다. 대부분은 아이 엄마들에게 잘못을 돌리고 학원을 끊으라고 난리를 부리는 게 일반적이다.

벌써 1년이 다 되어가는 데도 고쳐지지 않았다. 녀석은 중3 겨울방학 때 와서 고1 2학기 중간고사까지 여전히 수학에서 좀처럼 점수를 내지 못하고 있었다.

학원 내에서는 같은 학년 중 그 어떤 아이보다도 앞서 있었다. 수업시간이든 학원 내 평가시험이든 같은 학년 중 최고였다. 그런데도 학교시험만 치면 실수를 연발했다.

"시험을 잘 치려고 하지 마라. 시험은 다만 지금까지의 나를 평가하는 것이다. 있는 그대로의 나로 행동하면 된다. 그건 요행을 바라는 것도 아니고 다만 솔직한 것일 뿐인 거야."

녀석이 가지고 있는 강박관념을 어떻게 끊어야 할까? 어떻게 극복해야 할까? 답은 본인이 가지고 있는 셈이었다. 점수와 부모님의 기대, 모든 것에서 자유스러워야 한다. 그것만이 지금의 이 문제를 해결할 수 있다.

얼마 전 이 녀석에게서 전화가 왔다.

"안녕하세요. 선생님. 잘 계시지요?"
"어 그래, 어디냐?"
"지금 뵐 수 있을까요?"
"아니다. 오늘은 안 되고 내일 저녁 5시쯤 와라."

이튿날 녀석이 왔다. 선물이라고 종이 백에서 꺼내 건네는 작은 박스에는 무선 이어폰이 들어 있었다.

"이거 꽤 비싼 거 아니냐? 네가 돈이 어디 있다고 이 비싼 걸 사왔어?"

"저 요즘 알바하고 있습니다."

"학교는?"

"사실 군 제대하고 자퇴를 했습니다."

"뭐라고? 아니 왜?"

"적성에도 안 맞고 몸이 좀 안 좋아서……."

녀석이 말끝을 흐렸다. 머리를 스치는 생각이 있었다. 몸 상태가 안 좋다는 건 그 일 때문인 듯싶었다. 조심스레 내가 말을 꺼냈다.

"정신과적 문제냐?"

"예. 샘."

"또 그런 거야?"

"네……. 우울증이 심해 약을 먹은 지 좀 됐습니다."

"그래서 몸이 많이 불었구나."

"네, 많이 빠진 겁니다."

녀석과 함께 저녁을 먹으러 갔다. 술은 정신과 치료에는 금기니 밥을 먹기로 했다. 사실 저녁에 오라고 한 것은 술 한잔하면서 녀석과 얘기를 나누고 싶었기 때문이다.

"군에서 재발한 거야?"

"그런 것도 있고……. 하여간 지금은 많이 좋아졌습니다."

"다행이다. 너무 마음을 쓰지 마라. 명상도 좀하지 그래?"

"하고 있습니다. 예전 선생님과 공부할 때 많이 좋아졌었는데…….."

"요즘은 약 먹고 하면 괜찮잖아. 꾸준히 치료하고 마음을 터놓고 말할 수 있는 사람이랑 대화를 많이 하도록 해라."

"네, 샘. 그래서 샘을 찾아왔습니다."

녀석은 뭐가 문제일까? 예전에 내가 느낀 것은 아버지의 영향이 큰 듯 보였다. 아들에게 거는 기대, 그것이 아이들에게 많은 강박으로 다가오는 경향이 많았다. 아이들의 문제는 부모가 안고 있는 경우가 대부분이다. 다만 부모들이 그걸 모르고 있는 것이다. 그저 아이가 나약해서 그렇다고 더 다그친다. 특히 남자아이일 경우가 더 그렇다. 부모의 기대, 우리나라 부모들은 그것이 더 심하다. 아이들을 그저 지켜볼 수 있는 여유가 없다. 아이들에게 자신의 꿈을 빙의하는 경우도 있다. 안타까운 일이다.

겨울방학이 왔다. 2학년에 들어서는 것이다. 녀석은 이과로 진학을 했다. 역시 학원 내 2학년 중에서는 단연 톱이었다. 몇 개 학교의 학생으로 구성된 아이들이다. 학교 수준들이야 다 거기서 거기였다. 고2에는 특목고 학생이 없었다. 언제나처럼 방학 때는 하드트레이닝을 한다. 모든 아이들이 이 시간에 가장 많이 발전한다.

방학을 마치고 새 학기가 되었다. 이과 공부는 쉽지 않다. 중간고사가 다가오고 있었다. 아이들에게 좋은 귀감은 눈으로 보고 들은 선배들의 결과가 영향을 미친다. 같은 공간에서 7등급의 선배가 1등급이 되는 것을 지켜본다는 것은 아이들에게는 정말 큰 동기부여인 것이다. '아, 저렇게 하면 되는구나. 불가능은 없다. 나도 할 수 있다. 나도 반드시 해낼 거야.'라는 마음을 그런 선배들을 보고 함께 말하고 또 그 선배들에게서 문제 풀이를 듣고 하면서 배우게 되는 것이다.

중간고사가 시작되었다. 결과가 나왔다. 전교 1등이었다. 물론 수학만이다. 녀석의 기쁨이야 물론 컸겠지만 내가 받은 기쁨은 이루 말할 수 없었다. 그렇게 녀석은 그 큰 짐을 벗고 날아오른 것이다. 녀석을 믿어준 아버지에게도 감사했다. 결국 그것은 아버지의 나에 대한 신뢰이기도 했고 또 나는 나 자신의 판단에 대한 확신을 확인하는 순간이기도 했다.
하면 된다. 마음의 위축도 열심히 하면 극복하지 못할 것이 없다. 어쩌면 최근에 찾아온 것도 녀석은 그때의 기운을 받고 싶어서일 것이다. 그 날 내가 그에게 마지막으로 해준 말이 있었다.

"아버지의 기대를 잊어라. 문제는 모두 네 속에 있다. 모든 건 네 마음에 달려 있는 것이다. 답은 결국 네 가슴속에 있다는 거다."

나는 그가 잘 극복하리라 믿는다. 마음의 병이 육신의 병이 되듯, 육체의 건강이 마음의 건강을 가져온다. 일어서라. 그리고 그때처럼 날아올라라.

30점 맞았다고 싱글거리던 아이

덩치가 산만 한 녀석이 어머니와 함께 상담을 하러 왔다. 수학이 너무 안 된다는 거였다. 내게 오는 녀석들은 대개 소개로 온다. 어머니는 모 대학교수였고 아버지는 산부인과 의사였다. 그렇다면 유전자도 나쁘지 않을 터인데 어째서 성적이 나오지 않는 것일까? 결국에는 방법론이다. 배움이 잘못되었다는 것이다. 물론 가르침에도 문제가 있다. 천편일률적인 가르침으로는 제각각의 아이들을 끌어올릴 수 없다. 똑같은 소고기지만 그것으로 똑같은 요리를 해서 모든 아이들에게 줄 수 없는 것과 같다. 어떤 아이는 구이로, 어떤 아이는 스테이크로, 어떤 아이는 샤브샤브로 각 아이들에게 맞게 요리를 해주어야 하는 것과 같다.

성적을 물으니 29점이란다. 고2 문과 진학이었다. 방학 때 기초를 마무리해야 한다. 그래야 중간고사에 대해 어느 정도 대비가 될 것이다.

"열심히 할 수 있겠어? 여기는 빡세다는 얘긴 들었지?"
"네"
"그럼 마음 준비가 되었다는 거네."
"네."

그렇게 녀석과의 공부가 시작되었다. 제법 생각은 깊은 아이었다. 정치와 사회에 대한 관심도 높고 상당한 식견도 가지고 있었다. 녀석은 대학에 들어가서 모 정당에 가입해서 청년 당위원회 지역분과장인가도 활발히 했다. 고등학생 때도 마찬가지였다. 정치사회문제 동아리를 만들어 활동을 했다. 가끔씩 기자들과의 통화에서 기자들에게 항의도 하고 화를 내는 모습도 보였다. 녀석의 논리에 기자가 오히려 쩔쩔매는 모양새였다. 하여간 명물이었다. 물론 정치외교학과를 갈 것이라고 했다.

"최소한의 학력이 있어야 한다는 건 인정하냐?"
"네, 서울로 가거나 최소한 부산에서는 부산대를 나와야 하지 않겠습니까?"
"지금 성적으로 어림없다는 것도 알겠네."
"네, 그래서 선생님을 찾아온 거 아닙니까. 허허허."

하여간 보통내기는 아니었다. 잘 키우면 좋은 재목이 될 놈으로 보였다. 가르침에는 잘 따라주었다. 기초가 워낙 없어서 문제였지만 과제나 해오라는 예습도 철저히 해왔다. 생각대로 그동안의 가르침에 문제가 있었다. 녀석과 맞지 않는 학습 핀트 또는 녀석의 신뢰를 잃은 선생님과의 억지스런 관계로는 녀석의 학습 의욕을 끌어올릴 수가 없었을 것이다. 내가 소개한 영어선생님과는 고작 석 달을 넘지 못했고 서로 상대 탓만 하고 있었으니 그 스타일을 짐작할 것이다. 녀석의 기에 눌려서도 안 되고 실력이나 그 외의 인성 등에서도 신뢰를 잃어서는 안 되는 녀석이었다. 녀석이 학교 공부가 엉망인 이유도 거기에 있는 듯했다. 예로 내가 소개한 국어선생님에 대한 평가는 지대했다.

"샘, 그 샘은 가히 국어의 신이십니다. 저희 어머니도 그 샘의 내공이 지대하시다고 했습니다."

녀석의 어머니가 국문학과 교수였는데 어머니도 선생님과의 상담에서 그분의 능력을 인정하셨다는 거였다. 그런 관계에서는 무한의 신뢰 속에서 사람을 따랐다.

학원에 온 후 처음으로 학교 시험을 쳤다. 전화가 왔다.

"쌤, 대박이에요."

"뭐? 몇 점인데?"

"30점이요."

"뭐야? 지금 장난해?"

녀석은 학원에 와서도 싱글벙글거렸다. 뭐 세상을 다 얻은 듯한 모습이었다.

"야, 넌 뭐가 그리 좋아 싱글벙글거리고 있어. 인마."

"우와……. 샘 기쁘지요. 제가 30점을 맞았다니까요."

"너 예전 학원 상담하러 왔을 때 29점이라 하지 않았어?"

"아 그거 쪽팔려서 10점 올린 건데요. 그라고 저 여태껏 모두 찍어서 맞춘 거거든요."

기가 찼다. 그런데 이번엔 자기가 알아서 직접 풀어서 받은 점수니 이 어찌 기쁘지 아니하냐는 것이었다. 녀석의 말에 일리가 없지도 않았다. 기본은 어느 정도 정리가 되었다. 기말고사는 39점이었다. 모의고사 역시 비슷한 수준이었다. 2점짜리는 올킬이었고 3점짜리도 절반 이상은 맞추었다. 녀석의 말대로 모두 알고 푼 것이고 찍은 것은 다 틀렸다는 거였다.

여름방학이 왔다. 녀석은 유달리 여름에 힘을 못 썼다. 130kg가 넘는

비만 체질 때문이었다. 학원에 오면 땀을 뻘뻘 흘렸다. 옷이 다 젖어 엉망이었다. 그런 아이들은 샤워부터 시켰다. 여분의 옷을 가지고 오라고 했다. 나는 아이들이 오면 수업준비까지 완전한 컨디션을 갖추라고 한다. 잠이 모자라는 녀석은 10분에서 20분 정도 재운다. 수업 중에 졸아서는 안 되기 때문이다.

일취월장. 이 말을 자주 쓴다. 아이들의 실력이 정말 일취월장하기 때문이다. 물론 모든 아이들이 그런 건 아니다. 나 또한 실패하는 아이가 있고 중간에 그만두는 아이도 있고 퇴학 조치를 내리는 아이들도 있다. 또한 공부 외에 다른 길로 유도하는 아이들도 있다. 학교도 아닌 학원에서 퇴학을 시키냐고 학원에 와서 항의가 아닌 행패를 부리는 아버지도 있었다. 그러나 대부분은 나의 결정에 수긍했다. 잘린 아이들 중에는 다시 받아달라고 장문의 편지를 보내는 아이도 있었다.

녀석은 실력도 일취월장했다. 계속해서 내가 신경 쓰는 것은 영어였다. 영어 선생님들에 대한 신뢰를 잃고 계속해서 독학을 하겠다고 고집을 부렸다. 그렇다고 성적이 잘 나오는 것도 아니어서 고민을 했지만 녀석의 고집을 꺾을 수가 없었다.

고3이 되었다. 3월과 6월 모의고사에서 3등급이 나왔다. 내 기대에는 미치지 못하지만 녀석은 만족을 했다. 그러나 더 가야 했다. 나는 3월, 6월 모의고사에서 1등급을 받는 아이들은 수학을 끊고 국어 등 여타 과목을 공부하라고 보낸다. 그러나 3등급 이하의 아이들은 수능 전까지 끝까지 간다. 그해 끝까지 간 3명의 아이들 중에서 한 명은 1등급을, 2명은 3등급을 받았다. 이 녀석은 3등급으로 마무리를 했다. 부산의 한 국립대 정외과에 합격을 했다. 그러나 곧바로 재수를 시작했다. 경기도의 모 기숙학원으로 갔다. 6월 모의고사에서 1등급을 받았다고 전화가 왔다. 그해 수능이 끝났다. 녀석이 목표를 하던 부산대에 또 탈락의 고배를 마셨다. 결국은 영어가 발목을 잡은 것이다.

가르치는 이와 배우는 사람 간에도 궁합이 있다. 그래서 선생을 만나는 것은 매우 중요하다. 자기와 잘 맞는 좋은 선생님을 만나는 것도 운이다. 그러나 그 운도 자기 하기 나름이다. 녀석은 지금 가끔 찾아오면 꼭 그 말을 한다. 후회하지 않는다고. 그럼 되었다. 늘 건투를 빈다.

우리 엄마 얘기 다신 하지 마세요

잘생긴 사내 녀석이 아버지와 학원에 왔다. 보기에도 똑똑하게 생겼었다. 밝았고 씩씩하고 예의가 바른 녀석이었다. 테스트를 보고 상반인 A반에 배치가 되었다. 당시에 각 학교 전교 1등은 우리 학원에 있었는데 주변에 대형 프랜차이즈 학원이 생기면서 이 아이들이 빠져나갔다. 학원에 특명을 내렸다. 남은 아이 중에 다시 전교 1등을 만들라는 것이었다. 모든 선생님들이 똘똘 뭉쳐 다시금 전교 1등을 만들었다. 그런데 또 빠져나갔다. 나는 아이들이 전교 1등을 하면 학부모들에게 떡이나 치킨, 피자를 돌리라고 한다. 그것은 그동안에 수고한 선생님과 학원에 대한 감사 표시라고 했다. 나중에 알아보니 전교 1등 아이들을 장학금을 주며 빼가는 것이었다. 나는 장학금은커녕 1등 만들었다고 생색이나 내는 꼴이 되고 만 것이다. 그러나 나는 지금도 내 생각이 옳다고 생각한다. 전교 1등을 한다는 것은 물론 아이가 우수한 것도 있지만 학원에서 선생님들이 그만큼 노력한 것이다. 그 노고를 무시해서는 안 된다. 당연히 고마움을 표하는 게 옳다. 그리고 장학금을 주고 빼가는 것은 그저 상술일 뿐이다. 거기에 일부 학부모들이 끌려가고 있었다. 녀석이 전교 1등에 올랐다. 내가 녀석에게 물었다.

"너도 저쪽에서 오라면 갈 거냐?"
"쌤, 저 남잡니다. 저는 안 갑니다. 그건 배신 아닙니까?"

녀석은 정말로 꿋꿋이 학원에 남았다. 특목고 진학을 준비했다. 기대한 대로 특목고에 진학을 했다. 문제가 생겼다. 겨울 방학부터 아이가 오지 않는 것이었다. 아버지도 전화를 안 받았다. 다행히 동생이 학원을 다니고 있었다.

"오빠는 왜 학원을 안 오는 거야? 아빠도 전화를 안 받으시고 뭔 일 있어?"

아이의 말에 따르면 오빠는 아빠가 서울 고모 집에 보내 서울 대치동 학원을 다닌다는 것이었다. 화가 났다. 실컷 고생해서 만들어놨더니 한

마디 상의도 없이 학원을 끊어버리다니 말이다.

학교가 부산이니 방학이 끝나면 다시 오겠지 했다. 그러나 방학이 끝나도 오지 않았다. 학기가 시작되어도 오지 않았다. 의리를 지키려던 아이였다. 아마도 문제는 아버지 같았다.

여름 방학이 중반쯤 지났을 때 녀석의 아버지로부터 전화가 왔다.

"선생님 우리 ○○이 좀 다시 지도해주십시오. 부탁합니다."

전화를 받고는 사실 처음엔 매우 불쾌했다. 그러나 성적이 너무 떨어졌고 아이가 내게서 배우겠다고 떼를 쓴다니 데리고 오라고 했다. 그런데 이틀이 지나도 아이가 오지 않았다. 전화를 하니 아직 회비 낸 것이 남아 있으니 마치고 데리고 온다.

"아이는 지금 어디 있습니까?"

"서울에……."

"지금 제 정신입니까? 아이한테 맞지도 않은 학원에 맡겨두고 아까운 시간을 보내고 있습니까? 그깟 학원비가 아깝습니까? 당장 내려오라고 하십시오."

단호하게 말하고 전화를 끊어버렸다. 화가 치밀었다. 손이고 몸이고 다 떨렸다.

며칠 뒤 아이와 아버지가 왔다. 왜 이제 왔느냐 했더니 며칠 전에 왔더니 학원 문이 잠겼더란다. 아마도 학원 여름캠프를 갔을 때 왔던 거 같았다. 성적표를 보니 전교 석차가 끝에서 여섯 번째였다. 뒤에 다섯 명 밖에 없었다. 어찌 이런 일이 있을까? 아무리 특목고라고 하지만 이해가 되지 않았다. 방학 때는 서울 대치동에서 학기 중에는 학교 부근에서 그 학교 전문 그룹과외를 했다고 한다.

"독과외를 해야 합니다."
"예, 알고 있습니다. 다시 맡아만 주시면 감사하겠습니다."

다음 날부터 공부를 시작했다. 벌써 방학이 절반이 넘어서 있었다. 강행군이 시작되었다. 매일 와서 자습을 하고 내가 주는 프린트를 풀어 제출을 했다. 녀석에게 생기가 돌았다. 다시금 공부하는 맛을 느낀 것이었다. 늘 하듯이 1:1이지만 묻고 답하는 토론식 강의에 푹 빠져들었다.

"그 문구는 왜 제시된 것 같애?"
"이유 없이 준 거냐?"
"뭘 추론하라는 거야?"

끊임없이 질문을 던지고 녀석은 머리를 회전시킨다. 방학이 끝나갈 쯤 녀석이 어느 정도 예전의 실력으로 돌아온 듯했다.

"해볼만 하냐?"

"예 샘. 아버지의 말씀을 거역할 수 없었습니다. 죄송합니다."

"됐어. 아버지 마음 충분히 이해한다. 맘 쓰지 말고 공부나 열심히 해. 갈 길이 멀다."

"예."

그래도 아직 멀었다. 개학을 하면 주말밖에 시간이 없다. 그 학교는 전교생이 기숙사 생활을 한다. 그래서 주말에만 수업을 진행하는 수밖에 없다. 대개는 수업이 주중 하루, 주말 하루의 시간으로 짜여진다. 그래야 예복습의 시간이 알맞게 주어지게 된다. 주말반은 이틀 연속 수업을 하고 5일간을 독학을 해야 하는 것이다. 당연히 주중반보다 효과가 떨어진다. 일주 두 번의 수업 중 수업하는 날 사이가 이틀 또는 3일의 간격을 가지는 것이 가장 효율적이다. 중등부와는 달리 고등부는 하루 두 시간, 일주 두 번의 시간표가 가장 효율적이다. 중등부는 주 세 번을 하고 한 타임의 시간이 80분 정도이면 적당하다. 그래서 방학 중 하드트레이닝을 시키는 것이 절실했다. 어렵사리 주말반 수업을 진행했다. 성적은 조금씩 올라왔다. 그리고 겨울방학이 되었다. 기다리던 방학이 된 것이다. 일제히 학원이 풀가동된다. 고등부는 더 심했다.

"체력 조절해라."

"예, 신경 쓰고 있습니다."

"공부도 체력이 있어야 하는 거야. 알지?"

이상한 일이 있었다. 똑같은 차가 매일 학원 길 건너편에서 학원을 주시하는 듯한 느낌을 받았다. 하루는 내가 그 차로 갔다. 창문을 두드리니 창문이 스르르 내려갔다. 웬 여자 분이었다.

"혹시 학원에 볼일이 있는 겁니까?"
"저……. 누구 엄마입니다."

싸한 느낌을 받았다. 학원이 파하는 시간에 올라오시라 하고 돌아왔다. 내려다보니 차는 떠나고 없었다. 그날 밤 늦게 그분이 찾아왔다. 자초지종을 말해주었다. 아이들이 보고 싶어서 학원 건너에서 아이들이 드나드는 모습을 지켜본 것이랬다. 마음이 아팠다. 아이들에게는 말을 하지 말라고 했다. 그런데 내가 녀석에게 조용히 말을 했다.

"실은 어머니가 왔다 갔다. 차에서 너희들을 보고 계셨다고 한다."

내 얘기를 듣는 아이의 얼굴에 분노가 일었다. 아이가 무섭게 변했다. 아차 싶었지만 어쩔 수 없는 상황이었다.

"그 여자가 왜요? 앞으로 얼씬도 하지 말라고 하세요."

"그래도 어머니잖아."

"그런 엄마 필요 없습니다. 우린 없어도 잘 살고 있습니다. 우리 엄마 얘기 다신 하지 말아 주세요. 여동생한테는 절대로 아무 말씀 마시구요."

아픔이 있었구나. 엄마가 없다는 짐작은 하고 있었지만 이토록 큰 상처를 안고 그렇게 명랑하고 의젓이 살고 있었구나. 어쩌면 슬픔과 분노를 삭이기 위해 더 명랑한 건지도 모를 일이었다. 녀석은 금방 제자리를 찾았다. 대단한 녀석이었다.

그 이후로 어머니가 한 번 더 올라왔을 때 아들의 마음을 전했다. 그 이후로 어머니는 나타나지 않았다.

드디어 2학년 첫 시험이 시작되었다. 충분히 준비가 되었다. 수학이 가장 관건이었다. 과연 어떤 결과가 나올지 내가 더 초조했다.

결과가 나왔다. 학원에 나타난 녀석의 얼굴에 미소가 흘렸다.

"샘, 저 1등입니다."

"그래? 그게 정말이냐? 믿기지가 않는다."

정말 믿기지가 않았다. 며칠 뒤 녀석이 성적표를 두 장 들고 왔다. 하나는 꼴찌에 가깝던 성적표고 하나는 전교 1등의 성적표였다. 녀석이 말했다.

"샘, 이거 복사해서 광고에 쓰셔도 됩니다."

"어……. 그래. 그렇지만 샘은 그런 거 안 해도 된다."

녀석은 그때부터 줄곧 1등을 했다. 지금은 공인회계사가 되었고 변호사 와이프를 만나 행복하게 살고 있는 것으로 안다. 가슴속에 응어리를 안고 최선을 다한 녀석에게 찬사를 보낸다.

선생님 우리 아이 다시 받아줄 수 있나요

길을 걷고 있었다. 맞은편에서 별로 마주치고 싶지 않은 예전 학부모가 오고 있었다. 이럴 때가 좀 난감하다. 가볍게 목례를 하고 지나쳤다. 그때였다. 그 어머니가 날 불렀다.

"저……. 선생님."

"네? 무슨…… 일이신지?"

"선생님, 염치없는 부탁이지만 우리 아이 다시 좀 가르쳐주시면 안 될까요?"

"○○이 잘하고 있지 않습니까?"

"그게 좀……. 성적이 많이 안 좋습니다. 아이가 샘한테 가겠다는데 송구해서……."

아이가 다시 오고 싶다는데 어머니의 지은 죄로 염치가 없어서 못 보내고 있었다는 얘기였다. 녀석의 얼굴이 떠올랐다. 예쁘고 명랑하고 똑똑한 여자아이였다. 아이에게 무슨 잘못이 있겠나 싶었다. 그런 생각이 들자 난감했던 내 마음이 수그러들었다.

"학원에 한번 들리라고 하십시오."
"아……. 감사합니다. 선생님. 정말 감사합니다."

고1 예비반인 중3 아이들 중 실제 고등학교로 진학한 후 몇 명이 학원을 그만두었다. 방학 때부터 서울 대치동 학원으로 간 아이, 3월이 되자 학원을 옮겨 진을 빼는 아이 등 각양각색의 아이들이 신학기를 대비한 시점에서 빠져나갔다. ○○이는 그중 하나였다. 이럴 때는 묘한 배신감에 울화가 치민다. 실컷 가르쳐놓으면 다른 데로 가버리는 거다.
다음날 아이가 왔다.

"잘 지냈어?"
"샘……. 보고 싶었어요."
"됐어, 인마. 성적이나 말해봐."

"그게……."

녀석은 고등학교에 들어가서 학원을 4번이나 바꿨다고 한다. 대개
4~5개월 만에 학원을 바꿨다고 한다.

"왜 그렇게 적응을 못한 거야?"
"모르겠어요. 다 맘에 안 들었어요."
"근데 왜 이제 왔어?"
"엄마가……. 엄마가 샘이 안 받아줄 거라고 해서요."

그때가 고2 1학기 기말고사가 끝난 무렵이었다. 문제가 있었다. 녀석
이 들어갈 만한 반이 없었다. 그러기에는 실력이 너무 낮았다. 독과외를
추천했지만 형편이 안 된다고 했다. 대개 부모님들이 생각하기엔 독과외
는 선생이 돈 벌려고 하는 줄 안다. 그러나 선생이나 학원 입장에서는 독
과외를 선호하지 않는다. 똑같은 타임배정을 할 경우 독과외보다 팀 반
의 수입이 더 많다. 그러니 학원에서는 독과외를 잘 배정하지 않는다. 학
부모는 회비 부담 때문에, 학원에서는 수입이 적기 때문에 독과외가 잘
이뤄지지 않는 것이다. 그러나 팀 반에서 효과를 보는 아이들은 절반도
안 된다. 대개는 구성원 깔아주기밖에 안 된다. 그런데도 부모들은 학원
에 보내니 괜찮겠지, 잘 하겠지 하고 안도하고 있다. 안타까운 교실 현실
이다. 학원이 이러니 학교는 오죽하겠는가? 그걸 어느 정도라도 만회할

수 있는 게 토론식 수업이었다. 나는 6~8명을 정원으로 하는 토론식 수업에서 많은 효과를 보았다. 아이들도 이런 수업을 좋아했다.

어쨌거나 녀석이 들어갈 반을 정해줘야 했다. 그때 좋은 생각이 떠올랐다. △△랑 팀을 만들면 되겠다. △△는 특목고이고 성적이 우수하지만 중학교 때 둘이 친했었고 그 당시는 성적이 비슷해 잘 어울릴 수 있을 거라고 생각했다. 문제는 또 있었다. △△의 아버지를 설득하는 거였다. 현재 둘의 실력 차가 있고 독과외를 고집할 수 있기 때문이었다. 아버지와 △△를 설득했다. 장점을 부각시켰다. 아이는 오케이를 했다. 문제는 아버지였다.

"아버님, 절대 △△에게 피해가 가지 않을 겁니다. 오히려 훨씬 나을 겁니다. 제 판단을 믿어보십시오. 제가 운영의 묘를 살릴 수 있습니다."

결국 아버지도 승낙을 했다. 한 달 간은 주말 반으로 했다. 곧 방학이 오니 그렇게 하기로 했다.

내 생각이 들어맞았다. 둘은 예전처럼 죽이 잘 맞았다. 내 수업 방식대로 진행을 하고 자습시간에는 △△이가 ○○이에게 설명을 해주는 모습이 보기에 예뻤다. 또 △△이도 예전에 ○○이와 같은 시행착오를 겪었기 때문에 좋은 귀감이 되었다.

여름방학과 겨울방학의 하드트레이닝을 거쳐 고3이 되자 녀석도 예전의 궤도로 들어 왔다.

녀석은 Y대 원주캠퍼스 법대로 가고 △△는 중경외시의 K대 경영학과로 진학해 전액장학생이 되었다.

성적에 차이가 나는 두 아이도 가르치는 사람의 역량에 따라 좋은 학습 파트너가 될 수 있다. 물론 이때는 잘하는 아이 쪽에서는 이기심을 버려야 하고 못하는 아이 쪽에서는 시기심과 자존심을 버려야 한다. 둘의 신뢰관계를 잘 만들어줄 필요가 있다. 그게 잘 이뤄지지 않으면 결국 그 팀은 파괴될 수밖에 없다.

다른 팀의 이야기다. 남학생 둘이 한 팀이 되었다. 하나는 기초가 많이 부족한 상태였다. 독과외를 하던 두 명을 합쳤었는데 두어 달이 지나자 조금 나은 아이의 아버지로부터 전화가 왔다.

"우리 집 애가 수준이 너무 안 맞아 걔 때문에 스트레스를 많이 받는 것 같습니다. 죄송하지만 다시 따로 1:1로 해주시면 감사하겠습니다."

결국은 녀석의 팀은 와해되었다. 그런데 참 아이러니하게도 수능 결과는 완전히 뒤집어졌다. 잘한다는 아이가 3등급을 받은 반면에 못하던 아이가 1등급을 받은 것이다. 인생은 참 알 수가 없다. 그런 것이 신의 장난인 걸까?

선생님 건강은 제가 책임질게요

"신 선생, 우리 학원에 반 하나 맡아줄 수 없겠나?"

"아, 실장님. 죄송하지만 시간이 없습니다."

"그럼 오늘 한 타임만 어떻게 맡아주면 안 될까?"

잘 아는 모 입시학원의 실장님으로부터 전화가 왔다. 목소리로 보나 톤으로 보나 이런 부탁을 하는 것을 보면 상당히 위급하다는 거다. 자초지종을 물어보니 고2 이과 예비 반 한 팀에서 자꾸만 선생님을 보이콧한다는 거였다. 벌써 세 명의 선생님이 아이들로부터 퇴짜를 맞았다는 것이었다. 모 입시학원의 하모 선생, 여모 선생 그리고 박모 선생이 모두 퇴짜를 맞았다고 했다. 그런 반이면 더더구나 맡기가 귀찮은 대상이다. 기피대상 A급인 셈이다. 그렇다고 실장님의 부탁을 거절할 수는 없는 입장이었다. 얼마나 어렵게 부탁을 하는 건지 알기 때문이다. 부랴부랴 전화를 해 시간표를 조절했다. 달려가니 정말 무슨 구세주를 맞이하듯 반가이 맞이했다. 거기서 직접 들으니 더 가관이었다. 이런 녀석들은 코를 납작하게 만들어줘야 한다. 어차피 나야 오늘 하루 땜빵을 하는 것이니 어디 골탕을 한 번 먹여보기로 했다. 우선 10문제를 내서 테스트해보기로 했다.

"너희들이 뭐가 그리 대단한 놈들이라고 선생님들을 퇴짜를 놓고 하는 거야? 나는 너희들 같은 사고를 가진 애들은 애초에 가르치기가 싫다. 오늘 내가 온 건 너희들을 맡기 위해서가 아니다. 너희가 선생님을 선택할 권리가 있듯이 나 또한 내 학생들을 선택할 권리도 있는 거야. 안 그래? 다시 말하지만 내가 오늘 온 건 실장님의 부탁을 거절하지 못해서야. 또 한 가지 너희들 낯짝을 보고 싶어서야."

쥐 죽은 듯이 조용했다. 이런 아이들이 선생을 보이콧을 한다고? 뭔가 내막이 있는 듯했다.

"너희들이 얼마나 대단한지 너희들 실력을 한 번 보자. 우선 40분을 줄테니 내가 주는 10문제를 풀어봐라. 내 결정은 그 다음이다."

그렇게 테스트가 끝났다. 10문항 중 2문항을 맞춘 아이가 최고 점수였다. 나머지 5명은 하나도 맞춘 게 없었다. 문제 하나하나에 대한 논점과 접근 방법에 대해서 설명을 해주고 강의를 마쳤다.

교무실로 와 다음 수업 때문에 인사를 하고 나서려는데 실장님이 잠시 5분만 기다려 달랬다.

"어 역시 신 선생이야. 아이들 반응이 좋아."
"실장님, 그래도 저는 쟤네들 안 맡을 겁니다. 저 가겠습니다."
그날 밤 막 집에 도착했을 때 그 학원 원장으로부터 전화가 왔다. 아까 학원에서부터 탐탁지 않은 얼굴을 하고 있었던 게 생각이 났다. 은근히 불쾌했다. 모 단과입시학원 원장이었다. 12시가 훌쩍 넘은 시간이었다. 내가 만날 일이 없으니 그만 가시라고 했다.
내가 올 때까지 집 아래 주점에서 기다리겠다고 했다. 이 양반 고집은 알아준다. 비가 추적추적 내리는 날씨였다. 시간이 새벽 2시가 넘어 3시를 향해가고 있었다. 혹시나 하고 내려갔더니 역시나 안 가고 버티고 있었다.

"어, 신 선생. 내려올 줄 알았어. 나 좀 살려주라. 우리 학원 존폐가 달렸어."
"아니 그런 반 버리면 되지 무슨 학원 존폐까지입니까? 일단 가십시오.

내가 올 때까지 기다리실 것 같아서 내려온 겁니다. 내일 아니 다른 날 낮에 얘기하시지요."

"알았어. 그럼 나중에 얘기하자고."

파격적인 조건을 제시했다. 수업료의 90%를 다 주겠다는 거였다. 원래 8명 정원이 다 찼었는데 시끄러운 와중에 빠졌지만 걔들도 다시 올 거라 확신했다. 그럼 8명 정원이 차는 거니 강의료는 보통 내가 받는 것의 2배를 훌쩍 넘었다. 맡기로 했다. 돈보다 아이들에 대한 호기심이 더 컸다. 도대체 어떤 아이들이길래 이 학원 전체가 이런 반응을 하는 걸까?

학원이 그렇게 반응을 하는 이유가 곧 밝혀졌다. 강의를 두 번 하고 난 뒤 학부모들과의 점심 자리가 마련되었다. 거기 리더가 모 대학 수학교수의 부인이었다. 아하, 여태껏 여기가 보이콧의 진원지구나 싶었다.

"아이 아버지가 선생님 강의를 아주 만족하셔 합니다."

불쾌했다. 대학교 수학교수면 수학교수지 무슨 아이 학원 수업내용을 가지고 저런 반응을 하는 건지 이해가 안 되었다. 점심 자리가 편하지 못했다.

"선생님, 불쾌하셨다면 죄송합니다. 그저 너그럽게 봐주시고 애들 잘 부탁드립니다."

○○이는 그렇게 만났다. 처음 테스트에서 두 문제를 맞힌 녀석이다. 성격이 좋았다. 아이들과의 수업은 내가 더 재미를 붙였다. 곧 각 학교 전교 1등을 찍는 아이들이 생겼다. 학원에서 반을 하나 더 펼쳐달라는 부탁을 했다. 거절했다. 계속해서 들어오려는 아이들이 있다고 했다. 결국 학부모들과의 상의 끝에 10명이 정원이 되었다. 그러다 12명이 되었다. 어느 날 갔더니 교실 두 개를 터놓았다. 겨울 방학이 되니 16명이 되었다. 회비는 그대로인데 정원은 두 배가 되다니 학원과 학부모 모두 대단하다는 생각이 들었다.

그러다보니 학원과 이견이 생겼다. 내가 가져가는 것이 너무 많다는 것이었다. 과감히 내가 깨버렸다. 그럼 조건에 맞는 강사 데려다 써라. 실장님은 펄쩍 뛰었지만 털고 나왔다. 학부모들의 전화가 빗발쳤다. 결국 주변에 아는 학원에서 교실을 빌려 아이들을 봐주기로 했다. 절반인 8명이 왔다. 그 리더는 당연 ○○이었다. 다음 달 나머지 8명이 다 왔다. 돌아가라고 했다. 아이들은 막무가내였다. 막을 수가 없었다. 고3들이니 난감했다. 이과 반들이라 나 혼자 감당하는 것도 벅찼다. 당시 부산 최고로 알려진 박모 원장님에게 몇 개의 파트를 맡아 달라 부탁을 하고 아이들을 보냈다. 보름이 돼서 아이들이 그 수업 못 듣겠다며 안 가겠다고 했다.

"이놈들아. 그 분이 지금 부산 최고야. 뭐가 문제야?"
"예, 대단하시던데요. 풀이집의 콤마(,)까지 똑같이 하시던데요. 그럼 우리가 답지 보고 공부하지 수업은 왜 듣습니까?"

　아이들은 나와의 수업방식에 빠져 있는 것이었다. 우리는 풀이집 풀이를 과감히 곱표(가위표; ×)를 치고 우리식의 풀이를 연구했다. 그런 수업에 길들여진 아이들이 주입식 강의에 흥미를 느끼지 못하는 건 당연했다.

　한 달이 지나자 아이들 모두가 그 수업을 안 듣겠다고 수강을 포기한단다. 난감했다. 그러면 진도를 내기가 힘들었다. 그러다 또 학원과 마찰이 있었다. 우리 때문에 자기 학원 아이들이 피해를 본다고 했다. 결국 그 학원에서도 수업을 계속할 형편이 못되었다.

　그 당시 남천동에 있는 친구 학원에서 고3을 한 반 가르치고 있었는데 거기까지 오는 것은 무리인 애들이 많았다. 교실 여분은 충분했다. 친구가 오케이를 했다. 녀석들은 거기까지 모두 따라왔다.

　"도대체 이것들 미친놈들 아니야? 누구누구는 버스를 세 번 갈아타야 되는 거 아니야?"
　"괜찮습니다."
　"돌아가. 가까운 학원에 다녀. 고3이 시간을 아껴야지?"
　"샘, 그건 다 부모님들과 얘기가 되었습니다. 네 명씩 조를 짜서 부모님들이 데려다주거나 택시를 타고 오기로 했어요."

그렇게 여름방학이 왔다. 지척에 광안리해수욕장이 있었지만 우리는 바닷물에 발도 담가보지 못했다. 여름방학이 끝나고 거리가 먼 아이들이 결국 빠지고 8명이 남았다. 기존의 남천동 학원의 아이들은 10명의 정원이 한 명도 탈락하지 않고 입시를 맞았다.

8명 전원이 서울대에 합격했다. 10명 중에는 두 명을 제외하고는 모두 서울대에 합격을 했다. 두 명도 Y대에 합격했다. 그중 한 명은 이듬해 다시 부산 B대의 사범대로 학교를 옮겼다. 나중에 임용되기 전 우리 학원의 과학강사를 잠시 맡기도 했다. 정말 파란만장한 2년 반의 세월이 흘렀다.

○○이는 서울대 의대를 갔다.

"쌤, 선생님 건강은 제가 책임질게요."

선생님 빨리 나으세요

어느 날 한 어머니로부터 전화가 왔다. 서울대 의대를 간 ○○에게서 전화번호를 받았다는 것이었다. ○○이의 중학교 담임 선생님이었다고 했다. 당연히 아이를 맡아주셨으면 하는 얘기였다.

나중에 들으니 ○○이가 대학 합격 후 담임 선생님께 인사를 갔었는데 중학교 때는 두각을 나타내지 못한 녀석이 도대체 비결이 뭐냐고 물으시더란다.

"제가 '수학 샘을 잘 만나서요.'라고 했죠. 잘했죠?"

"어 잘했다."

그때 큰 아이를 가르치게 되었다. 고2였다. 그런데 거기 중3 동생이 있었다. 그렇게 이 녀석과는 인연이 닿았다. 집 구조가 아파트를 들어가면 복도를 사이에 두고 오른쪽 왼쪽에 아이들 방이 있었다.

"형 수업하러 올 때 질문 받아줄 테니 모르는 건 체크해둬라."

이 말 하나로 녀석과 엮이게 되었다. 어느 날 큰 녀석과 수업을 하고 있는데 이 녀석이 문제를 들고 불쑥 들어왔다. "형 설명 중이니 조금 있다가 가르쳐줄게. 방에 가 있어."라고 했는데 어깨 너머로 보고 있었다. 형에게 문제 하나를 내주고 돌아서 뭐냐고 물었더니 "샘, 잠깐만요." 했다.

"샘, 저 문제 답이 ○ ○ ○ 아니에요?"
"응?"

형은 아직 낑낑대고 풀고 있는데 녀석이 암산으로 답을 푼 것이다. 그날로부터 내가 녀석의 별명을 '몬스터'라고 불렀다. 녀석은 공식 유도과정까지 술술 말하는 게 아닌가? 어머니가 신신당부를 했다. 작은 녀석을 너무 띄워주지 마란다. 너무 건방이 늘어 형을 무시한다는 것이었다. 한날 앉혀놓고 얘길했더니 형에게 조심하겠다고 했다. 심성은 착한 녀석이었다.

이듬해 형은 동국대에 붙었다. 고1 겨울방학부터 이제 녀석과의 본격적인 수업이 시작되었다. 그런데 얼마 지나지 않아 내가 큰 수술을 받게 되었다. 살아 돌아온다는 보장이 없었다. 그래서 맡고 있는 모든 수업을 모두 정리해야 했다. 다니던 입시학원이야 내가 빠지면 이때다 하고 자리를 꿰찰 멤버가 수두룩하지만 오후에 있는 작은 소수정예 단과학원과 개인과외를 하던 아이들이 문제였다. 일부를 믿을 수 있는 후배에게 부탁을 했다. '몬스터'도 그 후배에게 맡겼다. 수술을 받고 몸을 가누지 못하고 있는데 몬스터의 가족이 모두 병문안을 왔다.

"쌤, 빨리 나아서 저 좀 가르쳐주세요."

아이가 후배랑 맞지 않는다고 수업을 안 듣겠다고 고집을 피우고 있다고 했다. 내가 퇴원을 하는 것도 언제일지 모르고 퇴원을 해도 당분간 수업을 하지 못할 것 같다고 어머니께 말씀을 드렸다. 결국 한 달 후 후배와의 수업을 끊었다고 했다. 선배를 소개해줬다. 그런데 이번에는 아예 수업을 세 번 받고는 안 한다고 한단다. 내가 45일 만에 퇴원을 하고 집에서 요양을 할 때 또 온가족이 찾아왔다.

"쌤……, 빨리 나아서 저 좀 가르쳐주세요. 힘들어요."
"당분간 내가 가는 건 무리니 어려운 문제가 있으면 전화를 해. 전화로 가르쳐줄게."

그렇게 몇 주간 녀석과 전화로 공부를 했다. 워낙 똑똑한 녀석이다 보니 전화로 논점을 짚어줘도 금방 캐치를 했다.

"그건 뭘 끄집어내라는 걸까?"
"아 쌤, 잠깐만요. 아……. 알겠어요. 감사합니다."

이런 식이었다. 툭 던지면 바로 받아먹는 마치 서울대 의대를 간 ○○를 보는 것 같았다. 녀석 때문에 병상에서 빨리 일어나게 되었는지 모르겠다. 녀석의 등쌀에 아직 회복이 덜 된 상황에서 움직이게 되었다고 해도 과언이 아니다. 기말고사가 끝나고 일가족이 또 집으로 왔다.

"쌤, 이거 보세요."

방학이라 내려온 큰 녀석이 내미는 건 작은 놈 '몬스터'의 성적표였다. 이과에서 전교 1등을 한 것이었다. 녀석이 으쓱하며 어깨를 올려 보였다.

"잘했다. 축하한다."
"쌤 이거, 복사해뒀다가 학원 광고에 쓰세요."
"하하하, 안 해도 돼. 녀석아."

큰 녀석이 제안을 했다. 어쩌면 그런 게 필요할지도 모르지만 그렇게 하기는 싫었다. 왠지 상술 같아서였다. 그러나 나중에 광고 하단에 전교 1등을 한 아이들과 명문대 진학한 아이들의 이름을 올리게 되었다. 사람의 일이라는 건 참 알 길이 없다.

수술 후 제일 먼저 한 게 '몬스터'의 과외였다. 정말 녀석의 나에 대한 사랑은 못 말릴 수준이었다. 몸이 제대로 회복이 안 돼 진땀을 흘리며 수업을 했던 기억이 난다. 그러나 그런 것이 회복을 빨리할 수 있게 만든 건지도 몰랐다.

방학 때는 근무하던 입시학원에 다시 들어가 몇 개의 반을 맡았다. 재수생반은 이미 다른 선생님이 대타로 들어가 있었기 때문에 다시 내가 받아오는 건 무리였다. 결국 방학 동안에 펼쳐지는 재학생반을 맡게 된 것이다. 사람이 간사하다던가? 내가 수술을 받기 전에는 여기저기서 스카우트 경쟁을 벌이던 원장들이 수술 후에는 반응이 냉랭했다. 내가 죽을병에라도 걸린 것으로 아는 모양이었다. 그게 사람 사는 세상이라는 걸 새삼 느꼈다.

'몬스터'는 서울대 기계공학과에 합격을 했다. 또 온가족이 집으로 왔다.

"수고했어."

"다 샘 덕분이에요. 감사합니다."

"그래 고맙다. 이놈아."

어머니 아버지의 기쁨도 눈에 확연히 보였다. 그것이 자식 키운 보람일까? 모든 건 뿌린 대로 거둔다. 목표를 정하고 노력하면 언젠가 그 목표에 도달하는 날이 오는 것이다. 가르치는 보람은 선생이 가질 수 있는 최고의 보상이다. 수고했다. 너의 앞날에 거칠 것이 없기를 기원한다.

기자가 된 아이

"○○이는 어디 있어? 왜 안 보여?"

"○○이 도로 산으로 올라가는 것 같았어요."

"뭐야? 왜 안 말렸어?"

학원에서 여름방학이면 실시하는 담력훈련에서 한 녀석이 친구들의 놀림에 삐쳐서 혼자서 오던 길을 되돌아 산으로 올라간 것이었다. 산 하나를 이쪽에서 올라 반대편으로 내려오는 훈련이다. 출발하면서 내려오는 시간을 계산해 반대편에 봉고차를 대기 시켰다가 학원으로 돌아가야 했다. 내가 직접 차를 몰고 산으로 올랐다. 지프차였기 때문에 별 무리는 없었다. 산등성이에 다다르니 저만치 녀석이 걸어가고 있었다. 차에 태웠다.

"아…….원장님 왜 오셨어요."

"야 이놈아, 아무리 빡쳐도 그렇지 단체가 움직이는데 이탈하면 어떡해?"

"죄송합니다."

그때가 중3이었을 거다. 녀석은 괜찮은 머리를 가진 것으로 보였는데 쉽사리 성적이 오르지 않았다. 상담을 해보니 태권도 도장이 문제인 것으로 느껴졌다.

"중3이 태권도를 하는 이유가 뭐야? 선수할 거야?"

"그런 건 아니고……."

"그럼 나중에 태권도 도장 차릴 거야?"

"그것도 아니고……. 그냥 관장님과의 의리로 봐야겠죠."

"의리? 그래 좋다. 언제까지 할 건데?"

"모르겠어요."

"내 생각엔 이제 곧 내일모레면 고등학생이야. 공부해야지."

"……."

"이렇게 해라. 태권도를 계속하던 공부를 하던 네가 선택해라. 학원을 계속 다니려면 도장을 끊어라. 아니고 태권도를 계속하려면 학원을 끊어라. 내일 학원에 오면 태권도를 접은 것으로 보고 안 오면 학원을 그만두는 걸로 알겠다. 그만 가 봐."

녀석은 이튿날 학원에 왔다. 열심히 공부하겠단다. 성적이 중간쯤인 아이지만 공부를 하면 잘할 수 있는 싹수가 보였다. 겨울방학 동안의 하드트레이닝을 거치고 고등학생이 되었다. 중간고사에서 전교 석차가 30등이 되었다. 뭐든지 적극적이었다.

바닷가로 여름캠프를 갔을 때 일이다. 아침 먹을 시간이 되었는데도 녀석이 일어나지 않았다. 녀석의 텐트에 갔더니 자신이 한 오바이트 오물에서 머리를 쳐 박고 헤엄을 치고 있었다. 아마도 선생님들의 눈을 피해 자기들끼리 음주를 한 것 같았다. 녀석을 깨워 샤워를 시키고 오물을 퍼내고 텐트를 씻었다. 그제야 정신이 들어온 모양이었다.

2학기가 되고 녀석은 정말 열심히 했다. 공부에 맛을 들였다고 할까? 늘 함께 붙어 다니는 단짝인 △△이에게 녀석을 잘 챙겨주라는 특명을 내렸다.

그해 겨울캠프는 오대산 등반이었다. 희망자만 참석을 했다. 그래도 고등부는 한둘 빼고는 거의 모두 참석을 한다. 눈이 내려 예상보다 늦게

숙소에 도착했다. 서둘러 저녁을 해먹고 자유 시간을 가졌다. 아이들에게 음주금지를 내렸다.

"공부할 때는 하늘이 노랗게, 놀 때는 하늘이 무너지도록 하라."

이게 내가 아이들에게 하는 멘트다. 원훈이라면 원훈이랄까. 노래하고 춤추고 신나게 논다. 나중에는 카드놀이로 조용히 하루를 접는다. 이튿날 아침에 일어나니 눈발이 더 세찼다. 등산 금지령이 내릴지도 몰랐다. 내가 등산화를 신으니 선생님들이 걱정스레 물었다.

"이런 날씨에 등반이 되겠습니까?"
"계속 내리지는 않을 것 같으니 일단 가보는 거지. 여학생들은 놔두고 남학생 중에 희망자만 데리고 갔다 올께."

녀석이 제일 먼저 손을 들었다. 1학년 2명, 2학년 4명 나까지 일곱 명만 오르기로 했다. 나머지는 베이스캠프인 펜션에 남기로 했다. 학원 기사에게 여섯 시간 후에 반대편에 차를 대기하고 있어달라고 하고 핸드폰을 휴대하고 떠났다.
다행히 입구에 도착할 때쯤엔 눈이 그쳤다. 등반을 해도 된다고 했다. 그래도 모르니 여섯 시간 안에 도착을 안 하면 조난신고를 하라고 남아있는 인솔 선생님에게 당부를 했다.

다들 씩씩하게 출발했다. 아이젠이 하나밖에 없었다. 계곡다리에 도착하니 웬 아가씨가 다리 중간에서 오도 가도 못하고 벌벌 떨고 있었다. 다리가 구멍이 쑹쑹 뚫린 철제로 되어 있고 그 아래 물살이 빠르게 흐르니 시각적으로 무서울 만했다. 그래도 다 큰 어른이 그러고 있으니 한편으로는 안쓰럽고 한편으로 웃겼다. 요즘말로 웃픈 현장이었다. 아이들을 시켜서 안전하게 건너편으로 옮겼다. 아이들이 "나중에 다시 건너야 되는데 그땐 어떡해요?"라고 했다. "그땐 또 누군가가 도와주겠지. 가자."

조금 오르는데 산 위에서 내리꽂듯이 백 원짜리 동전만 한 눈발이 날렸다. 얼굴에 맞으니 얼얼할 정도로 아팠다.

"고개를 숙이고 가라. 밑에만 보고 이동해."

잠시 후에 신기하게도 또 멎었다.

"이제 조금만 더 올라가면 선녀탕이 있는데 거긴 선녀의 혼이 동정남을 데리고 간다는 전설이 있어. 조심해야 돼."

그때 녀석이 자기는 동정남이란다.

"아니, 자위행위도 안 한 진짜 동정남을 말하는 거야."

"그러니까요. 전 진짜 동정남인데요."

같이 가던 아이들이 박장대소를 했다. 오랜만에 마음껏 웃었다. 그렇게 3시간 쯤 올랐을 때다. 또 눈발이 내렸다. 1미터 앞이 안 보일 정도로 세찼다. 약간은 불안했지만 계속 가기로 했다.

"아까 얘기했던 선녀탕이 바로 앞일 거다. ○○이는 조심해."

길이 좁아지고 미끄러웠다. 바위틈이 약간 벌어지고 계단처럼 생긴 부분이었다. 내가 나무를 잡고 아이들을 하나씩 올려주었다. ○○이가 건너고 마지막 아이를 건네고 앞을 보니 방금 건너간 ○○이가 보이지 않았다.

"쌤."

절벽 아래에서 녀석의 소리가 났다. 아래를 내려다보니 녀석이 절벽 중간에 나무를 붙잡고 매달려 있었다.

"거기 꽉 붙들고 있어."

내가 그렇게 소리를 치는 순간에 녀석이 아래로 떨어졌다. 손을 놓은 건지 미끄러워 놓친 건지 알 수 없었다. 아래를 내려다보니 녀석이 보이지 않았다. 침착해야 했다. 내가 내려가니 녀석이 엉금엉금 기어 나오고 있었다. 다행히 눈이 무릎 정도까지 쌓여 있어서 완충 역할을 해준 것 같았다. 바지가 찢어지고 정강이쪽이 하얗게 보였다. 순간 뼈가 부러져 튀어나온 줄 알았다. 내가 윗옷을 벗고 속옷을 찢어 녀석의 다리를 동여맸다. 아이들 둘이 따라 내려왔다. 녀석을 들쳐 업고 겨우 절벽 위로 올라왔다. 눈은 또 그쳐 있었다. 하산을 하기로 결정했다. 오르는 것보다 내려가는 게 낫다고 판단했다. 핸드폰이 터지지 않았다. 그때는 요즘만큼 휴대폰 통신시설이 좋지 않을 때다. 소위 벽돌 폰이라고 불리는 휴대폰 시절이었다. 서로 교대로 업고 하산을 하면서 통화를 시도하니 실장이 받았다. 입구에 차를 대기하라고 하고 하산을 계속했다. 입구에 도착하니 봉고차가 보였다. 실장을 시켜 녀석을 병원으로 후송하라고 하고 나니 긴장이 풀렸다. 아이들 모두 기진맥진해 있었다.

캠프에 돌아와 있으니 녀석이 왔다. 다행히 큰 부상이 아니랬다. 다행이었다.

"그럼 아까 본 허연 건 뭐였지?"
"아……. 그거 찰과상이 순간 일어나면 그렇게 된답니다."

실장이 대답했다.

"쌤, 원장님 때문에 내 다리 자를 뻔했잖아요."

"뭔 소리야?"

내가 속옷으로 상처를 동여맨 게 잘못이랬다. 오히려 그게 위험한 처리라고 했다. 땀에 젖은 것으로 동여매면 파상풍의 위험이 있다고 했다. 다행히 병원에 빨리 도착해서 괜찮을 거라고 했단다. 녀석에게 물어보니 절벽에 매달려 있다가 내 목소리를 들으니 갑자기 손에 힘이 풀리더란다. 선녀 혼이 동정남을 데려가려 했던 걸까? 농담으로 한 게 실제로 일어날 뻔한 사건이었다.

다행히 녀석은 별 탈 없이 잘 회복이 되었고 그런 경험이 더 단단한 정신을 만드는 계기가 된 듯했다. 녀석은 2학년이 되어 문과에서 전교 3등을 했다. 그리고는 부산대를 갔다. 지금은 대학을 졸업하고 모 신문사 기자로 활동하고 있다.

네가 그 올백이야?

내가 가끔 가는 주점의 사장님 딸이 공부를 잘한다고 들었다. 중3이었
다. 늘 올백을 받는다고 했다. 갈 때마다 내가 얘기했다.

"그 애 나한테 보내요."

사장의 말은 지금 아이가 잘 다니는 학원을 바꾸고 싶지는 않다고 했
다. 사장의 말도 틀린 것은 아니지만 아이의 미래를 위해서는 빨리 학원
을 바꿀 필요가 있었다. 소위 그 아이가 다니는 학원은 프랜차이즈학원
이긴 하지만 중등부 전문 학원이었다. 그런 곳에서는 고등수학을 제대로

가르칠 수 없다. 대개 학원들은 욕심을 내게 마련인 게 중3을 버리지 못하고 끌고 간다는 것이다. 고1 예비반 과정을 만들고 자연히 떨어져 나가는 아이들은 떨구고 끌고 나간다. 이것이 아이들에게는 치명적이다. 언젠가 고1 아이 하나가 왔다. 이전 학원에서의 진도를 물으니 우리보다 조금 덜 나가 있었다. 보충수업을 해서 진도를 맞춰야 했다. 문제는 우리는 한 바퀴를 돌고 여기까지 온 반면 이 아이는 이제 처음 여기까지 온 것이었다. 자연 기존의 아이들과 실력 차이가 날 수밖에 없었다. 중등부 전문 학원에서 제대로 고등부를 지도할 수 없는 선생님이 아이를 맡으면 하루 공부해서 하루 가르치는 꼴이 날 수 있다.

언젠가 이런 일도 있었다. 잘 아는 학원 실장님에게서 전화가 왔다.

"신 선생, 어려운 부탁 하나 하자."
"무슨 일이십니까?"
"선생님 한 분을 과외해주면 하네."
"네? 선생님을요?"

잠시 어안이 벙벙했다. 자초지종을 들으니 나이가 좀 있으신 선생님인데 어떤 파트가 약해서 그 파트만 지도를 해줬으면 했다. 승낙을 했다.

이 선생님이 어느 날 전화가 왔다. 어디시냐고 물으니 과외하는 학생

집이랬다. 그 집 화장실에서 전화를 한 것이다. 낮에 설명해줬던 문제가 안 풀린다는 거였다. 한참을 설명을 해도 못 알아들었다.

"선생님, 그냥 다음 시간에 풀어준다고 하시고 넘어가십시오."

한사코 안 된다고 했다. 그렇다고 전화로 설명해도 못 알아먹는 걸 어쩌자는 건지. 오히려 고집 피우시는 게 더 봉변당하는 일이니 그냥 다음에 풀어준다 하고 넘기라고 했다. 그 다음날 내가 한소리를 했다.

"아이들 가르치는데 낮에 한번 풀어보고 저녁에 가르친단 말입니까? 그게 무슨 선생입니까? 선생은 최소한 몇 걸음이 앞서 있어야 하지 않습니까?"

그날 한참 후배인 나에게 혼쭐이 났다. 그 이후로는 그런 일이 없었다. 몇 년간 스승의 날이 되면 제일 먼저 밥을 사러 오셨는데 어느 날 그것도 끝이 났다.

가르친다는 것은 쉬운 일이 아니다. 10개를 잘 가르치다가 한 개를 잘 못 가르쳐도 신임을 잃을 수 있다. 그런 자리가 선생의 자리다. 또한 선생의 행동 하나로 아이들의 장래를 망칠 수도 있는 막중한 위치에 있는 게 선생이다. 선생 그거 아무나 하는 거 아니다.

어느 날 누가 불쑥 찾아왔다. 예쁜 교복을 입은 여자애 둘이었다.

"샘, 저 누군지 아시겠어요?"
"누군데……?"

그 애가 이름표를 꺼내 보였다.

"어, 네가 그 올백이냐?"
"네, 엄마가 가래서 왔어요."
"어 잘 왔다. 성적은 어때?"
"안 좋으니까 왔죠."

그때가 고2 2학기였다. 내가 누누이 얘기했던 시간이 1년 반이나 지나 있었다. 중학교 올백이었던 아이가 형편없이 무너져 있었다. 어찌 이 지경까지 갈 수 있는지 의아했다. 같이 온 녀석도 그랬다.

둘이 한 팀으로 공부를 시작했다. 그래도 올백은 금방 따라왔다. 논점을 짚는 연습을 했다. 중학수학은 반복학습이나 심지어 외워서도 문제를 맞힐 수가 있다. 단편적인 논점이기 때문이다. 그러나 고등수학은 한 문제 속에 여러 개의 논점이 녹아 있기 때문에 그걸 짚어내기도 어려울 뿐더러 그들의 상호관계를 파악해 정답으로 접근하기가 쉽지 않다. 논점을 다 안다고 해서 정답을 찾는 것도 아니다. 그들이 가지는 수학적 메커니즘을 이해해야만 한다. 중학교 때 만점을 받던 아이들 중에는 단편적으로 공부하거나 수학을 암기식으로 공부한 아이가 더러 있다. 이런 아이들이 고등학교에 와서 힘들어 하게 된다.

겨울방학이 왔다. 방학은 아이들에게 하나의 기회다. 처진 아이들이 추월할 수 있는 절호의 찬스가 방학인 것이다. 둘은 아주 친했다. 단짝이었다. 올백에게 친구를 끌어줄 것을 주문했다. 수업 시간에도 올백에게 설명하게 했다. 빗나가면 내가 제동을 걸거나 막힐 때는 내가 힌트를 주는 식의 공부가 많았다. 고3이 되니 문제풀이에 대한 요령도 익혀야 했다. 시간 안배하는 법도 배워야 한다.

방학이 지나고 처음 치른 3월 모의고사에서 1등급과 3등급이 나왔다. 올백은 이제 궤도에 진입한 듯 보였다. 6월 모의고사에서 확인이 될 터였다. 문제는 ○○이었다. 생각보다 회전이 느렸다. 욕심을 버리고 버리는 전략을 폈다. 내가 아이들에게 자주 쓰는 전략은 버리는 전략이다. 1등급의 아이들은 30번, 29번, 21번을 버리고 시작한다. 그것만 버려도 많은 시간을 벌 수 있다. 그만큼 다른 문제에 투자할 시간이 많은 것이다. 실수를 줄일 수 있는 방법이다. 그러다 시간이 남으면 버린 문제를 차례로 풀어내는 전략을 쓴다. 버린 문제는 아예 거들떠보지도 못하게 한다. 미련을 두고 이것저것 손대다 보면 망한다. 수능은 3점짜리라 쉽고 4점짜리라 어려운 게 아니다. 그 문제에 어떤 논점이 숨어 있느냐에 따라 배점이 정해진다. 4점짜리라도 내가 아는 논점이 들어 있는 건 쉽게 풀 수 있지만 3점짜리라도 내가 모르는 논점이 들어 있는 문제는 어려운 것이다. 그래서 시험지를 받아들면 버릴 문제를 추려서 돼지꼬리를 다는 것이 먼저다.

녀석들은 최종 1등급과 2등급이 되었다. 나란히 간호학과를 갔다. 아쉬운 것은 좀 더 일찍 왔더라면 좋았을 것이다. 그랬다면 무난히 SKY를 가지 않았을까 싶다.

일진이라는 아이들

그놈은 학교 짱이었다 1

"아, 먼저 나간 청년이 계산을 했습니다."

수업을 마치고 남자 샘들끼리 맥주 한잔하러 주점에 들렀다. 어깨 높이로 빙 둘러 원형을 이루는 원탁이었다. 갑자기 앞에 있던 영어선생님이 눈짓을 했다. 낮은 목소리로 말했다.

"뒤에 ○○ 아닙니까?"

돌아보니 ○○가 여자 친구인 듯한 아가씨와 앉아 있었다. 영어선생이 모르는 척하라는 걸 무시하고 내가 불렀다.

"○○ 아니냐?"

녀석이 날 보더니 일어나 자리로 와서 인사를 했다.

"여자 친구야? 괜히 내가 방해를 했구나."
"아닙니다. 일어서려고 하던 참입니다. 잘 계시지요?"

녀석이 목례를 하고 여자 친구를 데리고 밖으로 나갔다. 영어선생님이 가슴을 쓸어내리는 시늉을 하면서 안도의 숨을 내 쉬었다.

"와, 저는 오늘 뭔 일이 일어나는 줄 알았습니다."

그가 그렇게 말하는 것은 어떤 사건 때문이었다. 예전에 녀석이 학원을 다닐 때 나한테 맞는 일이 있었고, 그 후 며칠 뒤 학원에 테러가 생겼기 때문에 모두들 그가 범인일 거라고 생각하고 있었다.

어느 날 다급한 선생님의 전화가 왔다.

"지금 학원이 완전 난장판입니다. 빨리 와보셔야겠습니다."

갔더니 두 개 층인 학원 벽에는 온통 케첩이 뿌려져 있고 컴퓨터와 전화기는 밖에 나뒹굴고 복사기 등 전자기기에는 물풀이 부어져 엉망이 되어 있었다. 심증이 가는 것은 녀석이었다. 녀석은 모 고등학교의 짱이었다. 그 학교 아이들뿐만 아니라 동네 아이들이 모두 무서워하는 녀석이었다. 그런 녀석이 어느 날 학원에 온 것이다. 그 녀석 아버지의 신신당부와 함께였다.

"신원장님, 우리 아 잘 좀 챙겨주이소. 인간 좀 만들어주이소."

탐탁치는 않았지만 누구는 되고 누구는 안 되고 해서는 안 된다는 것이 내 생각이었다. 선생은 모두를 함께 대해야 한다고 생각했다. 그들도 알고 보면 착한 심성을 가진 아이일 수 있기 때문이다.

그때 당시는 지금처럼 핸드폰이 대중화되기 전이었다. 그런데 녀석은 핸드폰을 뒷주머니에 넣고 가방은 다른 아이들에게 셔틀을 시키고 있었다.

"야, 앞으로 이런 일 내 눈에 띄면 혼날 줄 알아. 경고야."

녀석도 나에 대해서 들은 게 있기 때문에 학원에서는 주의를 하는 듯했다. 사건은 내 수업시간에 일어났다. 공부할 마음이 전혀 없는 녀석이다 보니 맨 뒷자리에서 거드름을 피우고 있었다.

"야, 공부 안 하려면 나가."

녀석이 건달 녀석들의 특유의 행동을 했다. '내가 뭐요?'라는 표정이었다. 나는 그런 꼴을 용납 못한다.

"바로 앉아라. 아니면 나가라."

조용히 경고를 했다. 순간 교실에 긴장감이 돌았다. 녀석이 버티고 있었다. 몸을 뒤쪽 벽에 기대듯이 앉아 있었다. 내가 다가가서 손바닥으로 이마를 쳤다. 순간 코피가 주르륵 하고 쏟아졌다. 이마를 맞아 머리가 젖혀지면서 뒤통수가 벽에 부딪힌 듯 했다.

"일어서. 뭐하는 놈이야. 너 깡패야?"
"……."
"나가서 걸레 들고 와서 닦아."

녀석이 바닥을 닦고 있었다.

"나가서 빨고 들어와."

한참을 지나도 녀석이 들어오지 않았다. 애들 보고 화장실에 가보랬더니 없다고 했다. 창문 쪽에 앉은 녀석이 "쌤, 저기 가고 있는데요." 했다.

"야, ○○○. 이리 안 와?"

녀석은 뛰어 달아났다. 그 후 며칠 뒤에 테러사건이 난 것이다. 같은 학교 아이들에게 며칠까지 나한테 오라고 전해라 했다. 그러나 그 녀석은 오지 않았다. 아이들이 가지고 온 그 녀석의 메시지는 이러했다.

"제가 한 거 아닙니다. 저 그런 놈 아닙니다. 죄송했습니다. 믿어주십시오."

그렇게 세월이 흘렀다. 아이들은 졸업을 하고 사건은 오리무중으로 끝났다. 그리고 그 녀석과 오늘 첫 대면을 한 것이었다. 그러니 선생님들이 순간 긴장을 한 것이었다. 술자리를 파하고 계산을 하려고 했더니 사장이 그랬다.

"아, 먼저 나간 청년이 계산을 했습니다."

누구나 한때의 객기는 있다. 그러나 그것이 영원한 것은 아니다. 세월이 흘러 그때의 자신을 반성하고 새 사람이 되는 사람들에게 우리는 용서라는 걸 해줘야 할 필요가 있다. 언제까지 그것이 그들의 족쇄가 되어서는 안 될 것이다.

그놈은 학교 짱이었다 2

두 분의 어머니가 상담을 왔다. 인문계 갈 성적이 안 된다고 했다. 어찌하든 인문계만 들어갈 수 있도록 해달라고 했다. 중3들이었다. 테스트를 해보니 일반 반에서 수업을 하는 건 불가능했다. 둘이서만 한 반을 만들어야 했다.

"이 자식들 공부라고는 안 했네."

"……."

"너희 둘은 지금부터 죽었다 하고 공부만 해야 된다. 알았어?"

"예."

기어들어가는 소리로 대답했다. 자신감이 없는 것이다. 문제는 다른 선생님들의 시간은 없었다. 결국 내가 모든 걸 담당하기로 했다. 전 과목 프로젝트를 짰다.

학교를 마치면 바로 학원으로 오게 했다. 자습실에 지정석을 주고 과제를 줬다. 모든 걸 암기해서 테스트를 하는 식이었다. 영어까지 교과서를 외우게 했다. 수학은 사칙연산부터 시작했다. 목표 달성을 못하면 학원 앞에 작은 공원이 있어 거기를 몇 바퀴 돌기도 하고 엎드려뻗쳐를 하기도 하고 손바닥을 맞기도 했다.

"똑바로 안 해?"
"하나에 '나는' 둘에 '할 수 있다.'"
"하나."
"나는."
"둘."
"할 수 있다."

녀석들이 얼차려를 하는 동안 아이들과 지나가는 사람들까지 쳐다보고 있었다.

"왜? 창피해?"
"아닙니다."

"하나."

"나는."

녀석들은 이를 악물고 했다. 그래도 수업 시간엔 가끔씩 웃음이 만발했다. 그러지 않으면 녀석들이 견딜 수가 없었을 것이다.

"공부하기 힘들어?"

"재미있습니다."

여름방학이 되었다. 남들보다 먼저 와 제일 나중에 학원을 나섰다. 나중에 녀석들은 그때 인생에서 제일 열심히 살았다고 했다.

워낙 공부를 안 하던 녀석들이라 매일 벌이었다. 나중에는 내가 눈만 부릅뜨거나 한마디만 해도 벌벌 기었다. 그렇게 하지 않으면 안 되는 녀석들이었다. 국경일은 물론 토요일 일요일도 없었다. 오히려 그런 날은 아침부터 밤 11시까지 공부를 했다.

"쌤, 쌤도 좀 쉬셔야죠?"

"꾀부리지 마. 이 자식들아."

그렇게 시간이 흘러 원서를 내는 시절이 왔다. 두 녀석 모두 인문계 원서를 내는 커트라인을 통과했다.

고등학교로 진학한 후 1학년 여름방학이 시작될 즈음 한 녀석이 학원을 그만뒀다. 그리고 몇 개월이 흘렀다. 녀석이 나쁜 애들과 어울린다는 소식이 내 귀에 들렸다. 학원을 그만두고 공부는 팽개치고 껄렁거리고 있다고 했다.

그러던 어느 날 한 녀석이 와서 누구에게 계속 돈을 뜯기고 있다고 했다. 그 녀석이었다. 녀석은 모 고등학교 학년 짱이었다. 전화번호를 알고 있어 통화를 했다.

"쌤, 그거 빌린 건데요. 갚을 겁니다."
"그래? 그럼 이번 토요일까지 갚도록 해."

녀석은 토요일까지 갚지 않았다. 3일의 말미를 더 주었다. 녀석의 어머니와 통화를 했다.

"원장님. 우리 ○○이 맘 좀 잡아주세요."

집에서도 애를 어찌할 수 없다고 했다. 내가 알아서 할 테니 어머니는 모른 척하고 계시라 했다. 녀석에게서 전화가 왔다.

공부에 미쳐본 적 있니

"쌤, 진짜 갚을 건데요……. 근데 지금은 돈이 없어요."

"뭐야 인마."

원래 근본이 나쁜 녀석은 아니라는 것은 안다. 지금 잡지 않으면 바로 잡기 힘들다는 생각이 들었다.

"너 지금 어디야? 당장 나한테로 와."

녀석이 왔다. 들어서자마자 내가 고함을 질렀다.

"너 인마. 양아치야?"

"아닙니다."

"내가 귀가 없어? 너 얘긴 다 듣고 있다는 거 몰라?"

녀석은 아니라고 잡아뗐다. 계속되는 나의 추궁에 급기야 녀석이 나한테 달려들기 시작했다.

"아 씨바, 아니라는데 진짜. ×같네."

녀석의 눈빛이 번쩍 빛났다. 드디어 본성을 드러냈다. 한판 할 기세였다. 어쩌면 내가 이 순간을 기다린 건지 몰랐다.

"이 새끼 봐라. 좋아."

내가 시계를 풀어서 옆에 있던 책장 위에 놓았다.

"좋아. 네가 날 선생으로 안 보니 지금부터 너는 내 제자가 아니다. 받아치려면 받아쳐라."

이런 애들은 매로 다스릴 수 없다. 오직 하나다. 한방을 날렸다. 아이들과 여선생님들의 비명소리가 들렸다. 녀석이 맞받아쳤다. 그러나 녀석은 나한테 적수가 못 된다. 급소를 맞고 주저앉았다. 몸을 덜덜 떨며 녀석이 항복을 했다.

"일어 서. 당장 노는 애들이랑 손을 떼라. 그리고 내일부터 학교 마치면 학원으로 와라."

녀석은 이튿날부터 학교를 마치면 학원으로 등원을 했다. 주구장창 반성문만 쓰게 했다. 녀석은 전문대학을 갔다. 학교를 졸업하고는 주점과 노래방 등을 운영했다. 사업수완이 좋았다. 녀석은 가끔 출근을 하면서 학원을 들렀다. 어느 날 녀석이 말했다.

"쌤, 내 그날 쌤한테 안 맞았으면 인간이 안 됐을 겁니다."

그놈은 학교 짱이었다 3

수학과인 J선생이 수업을 하고 교무실에 와서는 푸념을 쏟아내고 있었다. 어떤 녀석 때문에 수업을 제대로 할 수 없다는 것이었다. 그러자 여기저기 그 반에 들어가는 선생님들이 이구동성으로 울분을 토해냈다. 그냥 두어서는 그 반 전체가 피해를 입을 수밖에 없다. 소위 가장 성적이 낮은 문제아 반이었다. 가장 큰 문제를 안고 있는 녀석은 울산의 모 고등학교에서 짱을 먹었다는 ㅇㅇ이었다. 회의 끝에 다음 J선생 수업시간에 내가 들어가서 ㅇㅇ의 기를 눌러야 한다는 것이었다. 이럴 경우는 힘겨루기다. 선생이 밀리면 종강할 때까지 문제를 해결할 수 없고 그러면 그 반 전체가 몰살하게 된다.

"오늘은 J샘이 일이 있어서 내가 대신 왔다."

녀석이 앉은 자리와 인상착의를 듣고 왔으니 예의 주시를 했다. 녀석
이 비스듬히 앉아 거드름을 피우고 있었다.

"거기 바로 좀 앉아라."

녀석이 느릿느릿 이번엔 반대쪽으로 몸을 비스듬히 하고 앉았다. 짱들
은 그 반에서 소위 자신의 '가오'가 있기 때문에 선생의 지시에 순하게 따
르지 않는다.

"거기, 너. 바로 앉아."

이번에도 느릿느릿 자세를 고쳐 앉았지만 뒤로 비스듬히 앉았다. 이제
시작할 때가 왔다.

"야. 너 바로 앉는 게 뭔지 몰라? 일어서."

고함을 질렀다. 그럼에도 그 녀석은 느릿느릿 일어섰다. 일어선 폼도
거의 짝다리로 서 있었다.

"바로 서, 바로 서라고."

가라앉아 낮지만 단호한 어조로 말했다. 듣던 것보다 심각한 놈이었다. 그 녀석의 껄렁한 동작과 순간 스친 코웃음에 나의 응징이 들어갔다. 순간적으로 녀석의 목줄을 잡았다. 검도를 수련한 나는 손아귀 힘이 좋다. 그 녀석의 목줄을 잡고 소리쳤다.

"입 꽉 다물어."

그러고는 세대를 연속 쳤다. 세 번째는 손을 놓으며 때렸기 때문에 녀석이 뒤로 쓰러지며 몇 개의 책상이 넘어 갔다. 여자아이들의 비명소리가 들렸다.

"일어나, 밖에 나가 꿇어 앉아 있어."

순간 교실이 쥐 죽은 듯이 조용했다. 우는 여자아이도 있었다. 일장 훈시를 했다.

"재수하러 와서 공부한다는 녀석들이 이게 뭐하는 짓들이야? 이렇게 공부하려면 다 보따리 싸고 가."

여기저기 아이들이 훌쩍였다. 이럴 때면 나도 가슴이 아프다. 그렇지 않으면 그게 인간이겠는가?

폭력? 혹자는 어떤 경우에도 폭력은 안 된다고 한다. 아마 이 글을 읽은 분들의 많은 질책도 있을 것이다. 그러나 어떤 아이들의 경우는 말로써 또는 매로써 바로잡아지지 않는다. 이건 나의 변명일지도 모른다. 그러나 나는 단호하게 말한다. 때론 최후의 보루이기도 하다고 말이다.

"나가서 녀석 들어오라고 해."

문을 열고 나갔던 아이가 밖에 없다고 했다. 아이들더러 찾아오라고 했다. 나갔던 애들이 어디에도 없다는 것이다. 학원 밖은 나가지 않았을 것이다. 자습을 하라 하고 내가 직접 찾으러 나섰다. 아이들이 쉬이 찾지 못하는 곳에 있다? 그렇다면 거기뿐이었다. 옥상으로 올라갔다. 녀석은 옥상 물탱크 옆에 꿇어 앉아 있었다.

"따라와."

교무실로 데리고 왔다.

"꿇어 앉아."

"공부하기 싫은 녀석이 여긴 왜 왔어? 여기가 니 놀이터야?"

고개를 숙이고 있었다. 반항은 하지 않았다.

"가서 가방 싸서 와라."

내가 나직이 말했다. 녀석이 꼼짝하지 않았다.

"가서 가방 싸서 와. 회비와 치료비는 내가 낼 테니 가라. 나가서 폭행 신고도 해라."

녀석이 기어들어가는 목소리로 웅얼거렸다.

"공부 열심히 하겠습니다."
"뭐라? 큰소리로 얘기해."
"공부하겠습니다."
"공부 열심히 하겠다고? 그러지 말고 가서 짐 싸서 와."

그 사이 수업 시간이 끝나서 선생님들이 교무실로 와서 거들었다.

"신 선생, 이제 공부 한다니 그만 용서해 줘."

녀석에게 다짐을 받고 올려 보냈다. 대책이 필요했다. 다음날 원장에게 보고를 하고 대책을 냈다. 이대로는 안 된다. 특별반 하나를 만들어야 한다고 했다. 기초가 아예 안 되는 녀석들을 모아 따로 공부를 시켜야 한다고 했다. 학원에서 반을 하나 만든다는 것은 간단한 문제가 아니다. 수업시수로 선생의 페이가 나가기 때문에 원장으로서는 금전적인 문제가 따른다.

원장의 지시가 떨어졌다. 특별반이 만들어졌다. 문제아적인 요소를 가진 아이들에게 특별반의 취지를 말하고 강제가 아니라 자율적이라고 말했다. 녀석이 그 반에 들어가겠단다. 그 녀석을 따르는 꼬붕들도 들어왔다. 대략 열서너 명이었던 걸로 기억한다. 수학은 J선생이 맡았다. 내가 수시로 체크를 했다. 그때부터 녀석이 달라지기 시작했다. 공부를 하기 시작한 것이다. 질문을 하러 왔다.

"야, 너네 샘이 있는데 왜 나한테 오는 거야? 가, 인마."

녀석은 굳이 나더러 설명해달란다. 꼬붕 세 놈과 함께 네 놈이 몰려왔다. 숙제도 내줬다. 체크를 했다. 빠지지 않고 꼬박꼬박 해왔다. 녀석이 중심이 돼서 그 반이 열공하는 모드로 바뀌었다.

녀석들은 한 달에 한번 1박 2일 외박을 나간다. 어느 날 시외버스 터미널 근처 백화점에 아내랑 애들을 데리고 갔다. 입구 공터에서 웬 애들이 모여 "예.", "예." 하는 소리가 들렸다. 뭐지? 하고 쳐다보는데 녀석이 서 있고 꼬붕인 듯한 애들이 깍듯이 예를 갖추고 있었다. 내가 녀석을 불렀다.

"야, 이리 와봐."

녀석이 나를 보더니 후다닥 쫓아왔다.

"뭐야? 너희 깡패야? 지금 뭐 하는 거야, 인마?"
"아닙니다. 애들이 저 간다고 배웅을 와서."
"그래도 사람들 많은 곳에서 그러면 민폐 아냐?"
"죄송합니다, 샘. 곧 해산하겠습니다."
"애들 밥은 먹었어? 샘이 밥 사줄 테니 다 데리고 와."

녀석은 괜찮다고 했다. 지금 차 시간이 다 돼서 가야 한단다. 학원에서 뵙겠다고 했다. 근본이 나쁜 녀석은 아니다. 반드시 좋은 방향으로 갈 것 같았다.

여름이 다가오고 있었다. 어느 날 녀석이 와서 아버지가 샘 한 번 대접을 하고 싶다고 하신단다.

"됐어. 대접은 무슨 대접이야?"

"아버지가 집에 개가 시끄럽다고 동네 사람들이 항의를 해 이번 참에 개를 잡는대요."

"뭐?"

옆에서 듣고 있던 선생님이 같이 가자고 부추겼다. 결국 영어 샘 가족과 국어 샘 가족 그리고 우리 가족이 가기로 했다. 울산 태화강 언저리에 녀석들이 텐트도 치고 모든 걸 세팅을 해놓고 기다리고 있었다. 특별반 남녀 학생들이 다 모여 있었다. 아버지가 경운기로 고기를 날랐다. 인사를 드렸다. 아이한테 샘 얘기를 많이 들었다, 연신 감사하다고 했다.

그날 아이들이 그렇게 행복해 보일 수가 없었다.

수능을 치고 대학 원서를 냈다. 녀석들은 모두 4년제 대학에 합격을 했다. 특히 녀석은 법대에 합격했다.

그 아이 별명은 짐승

녀석의 어머니는 처음 상담하러 온 날부터 내 앞에서 눈물을 보였다. 아이는 테스트를 풀러 밖에 나가 있었기 때문에 보지 못했다. 나쁜 아이들과 어울려 공부를 안 한다는 이야기였다.

"어떻게 방법이 없을까요? 선생님에 대한 말씀을 듣고 찾아왔습니다."

공부는 못 해도 되니 아이를 사람으로 만들어달라고 애원을 했다. 소위 약간의 문제아였다. 고2였는데 학원에 있는 같은 학교 1학년부터 2학년까지 긴장을 하는 게 보였다.

시간을 갖고 아이와 많은 얘기를 나눴다. 며칠간 공부는 거의 않고 얘기만 나눴다. 아이의 내면을 이해하는 게 우선일 듯해서다. 공부보다 중요한 게 마인드다.

"지금 현재 뭐가 제일 재밌어?"
"운동하고 게임하고 노는 거요."

무슨 운동이냐고 물었더니 축구랑 농구랬다. 어디서 주로 하는지도 물어보고 시간대도 물어봤다. 게임도 물어보니 다행히 내가 조금 아는 스타크래프트였다.

맞장구도 치고 잘하는 법도 아이에게 배웠다. 게임을 물으면 그 놈이 선생이었다. 신이 났다. 한날 걔들이 운동을 한다는 곳엘 가봤다. 조명도 제대로 없어 공도 보이지 않는 데서 열심히 농구를 하고 있었다.

"야, 너네들 뭐가 보이냐?"
"아 쌤, 어쩐 일이에요? 다 끝나가요."

녀석은 게임을 하면서도 대답을 했다. 잘했다. 무엇보다 열심히 하고 있었다.

"아 그냥 운동해. 좀 일찍 끝내고 공부도 좀 해라."

"예 샘~ 들어가세요."

일요일 아침에는 학교 운동장엘 가봤다. 축구가 한창이었다. 녀석이 나를 보고 손을 흔들었다.

"쌤~~ 나중에 갈게요~"

정말 성난 황소같이 뛰어다녔다. 녀석의 별명이 아이들 사이에 '짐승'이었는데 그 이유를 조금은 알 듯 했다. 또래 중에 소위 '짱'이었다.

아이와 살아가는 이야기를 많이 나눴다. 무슨 얘기를 했는지 정확한 기억은 없다. 아마도 남자로 사는 법, 집 안 이야기, 학교 이야기, 친구 이야기였을 것이다. 확실한 건 엄마의 눈물에 대한 얘기를 했다. 녀석이 고개를 푹 숙인 채 듣고 있었다. 생활 습관부터 바꾸기를 권했다. 공부할 때는 핸드폰을 꺼두는 게 좋겠다. 공부 시작 전에 미리 "나 몇 시까지 공부하니 톡 못한다."고 아이들에게 알리라고 했다. 그리고 쉬는 시간에 답을 주는 게 좋겠다고 했다. 잘 때도 거실에 두고 방에 들어가라고 했다. 다행히 아이가 잘 따랐다.

어느 날부터 이 녀석이 조금씩 공부를 하기 시작했다. 어머니도 그게 느껴진다고 했다. 고맙다고 했다. 그러던 어느 날 공부하러 온 녀석에게서 술 냄새가 났다.

"술 마셨어?"

"예 샘, 죄송합니다. 친구 생일이라……."

야단을 치지 않았다.

"어 그래? 근데 어디서 마시는 거야?"

자기들이 가는 아지트가 있다고 했다. 특별히 사장님이 뒷문을 허용한
단다.

"어? 그 사장님 멋지네. 나랑 잘 통할 거 같은데?"

"어? 안 그래도 그 사장님이 쌤 멋지다던데요."

진짜 딱 한잔 건배하고 자기는 공부하러 온 거란다.

어느 날 오더니,

"쌤, 당분간 애들이랑 안 놀기로 했습니다."

"뭐? 그러다 왕따가 되는 거 아니야?"

"아 걔들 제 좆밥이라서 괜찮아요."

어머니가 전화가 왔다. 또 울고 있었다.

"선생님, 정말 감사합니다. 근데 저러다가 애들한테 왕따 되는 건 아닌지 걱정입니다."

걱정 안 해도 된다고 했다. 잘하고 있고 잘할 거라고 했다.

그런데, 며칠 후 아침 일찍 어머니한테서 전화가 왔다. 새벽에 녀석의 아버지가 심장마비로 돌아가셨다는 것이다. 장례식장에 갔더니 두 형이 와서 인사를 했다.

나중에 알고 보니 녀석과는 이복형제였다. 큰형은 녀석을 잘 챙기는 듯 보였다.

장례식이 끝나고 어머니에게서 전화가 왔다. 큰 애들이 상속문제로 다그친다는 얘기였다. 부동산 명의와 현금 관리 상태를 물으니 모두 어머니 명의로 되어 있고 돈 관리도 어머니가 하고 있다고 했다. 다행이라 말씀 드리고 큰 애들과 잘 상의하시라 했다. 내가 아는 변호사를 소개해 드리고 도움을 받으시라고 했다.

아이가 침울했다.

"너는 그 일에 왈가왈부하지 마라. 엄마와는 달리 너는 형제잖아."

녀석은 형들이 엄마에게 너무 심하다고 화가 잔뜩 나 있는 상태였다.

"그것보다 중요한 게 있다. 지금까지는 엄마가 네 보호자였지만 이제부터는 네가 엄마의 보호자란 거다. 그걸 잊지 마라. 엄마는 너뿐이야."

그날부터 아이의 태도가 확고해졌다. 아이는 경찰대를 가고 싶다고 했다. 성적이 거기까지는 한참 못 미쳐서 차선책에 대한 얘기를 해줬다. 경찰행정학과나 해양조선공학과에 가서 석사학위 이상을 갖는 것 등에 대한 얘기를 했다. 그때부터 녀석은 공부를 엄청나게 열심히 했다. 그러다 어느 날 남자 중에 1등을 했다. 그래도 녀석은 별 기쁜 내색을 하지 않았다. 앞에 여학생이 6명이나 버티고 있다고 했다. 6등이 되어야 내신 1등 급이 되는 상황이었던 것이다.

어머니에게서 전화가 왔다. 또 우는 목소리였다.

"선생님, 살면서 이런 일도 있네요. 너무 기쁩니다."

성적 얘긴 줄 알았더니 오늘 밖에 소송일로 나갔다 오니 아이가 마중을 나왔더란다. 공부 안 하고 왜 나왔냐고 했더니

"내가 엄마 보호자잖아. 엄마가 걱정돼서 나왔지."

하더란다. 지금까지의 속상함과 힘든 마음이 눈 녹듯 내려앉았다고 했다. 녀석은 경찰대는 가지 못하고 부산의 국립대 해양조선공학과를 갔다. 입시가 끝나고는 곧바로 알바 전선에도 뛰어들었다. 씩씩했다.

우리는 아이들에게 어떤 어른이 되어야 하고 어떻게 지도해야 할까? 나는 아이들을 믿어주는 어른이 되라고 한다. 그들을 다그치지 말고 지켜보면서 격려해주는 어른과 선생. 나는 그것이 우리 부모님과 선생님들의 가장 좋은 모습이라고 생각을 한다.

아이들은 많은 걸 바라지 않는다. 그저 자신들도 하나의 인격으로 보고 대해달라는 것이다. 무엇이 아이들을 행복하게 할까? 부모님들에게 물어보면 모든 건 아이의 미래를 위한 거라고 한다. 그러나 지금 우리는 불확실한 미래의 행복을 위해 눈앞에 있는 확실한 현재에 아이들에게 고통과 불행을 강요하고 있지는 않는지 한번쯤 생각을 해보아야 한다.

내일로 가는 아이들

9년을 개근한 아이

학원을 하면서 느낀 것이 있다. 공부를 잘하던 녀석보다 나한테 혼이 많이 난 녀석들이 더 나를 찾는다는 것이다.

공부를 잘한 녀석들은 대부분 그것이 모두 자기가 잘나서 그렇게 된 것으로 알고 선생에 대한 고마움을 느끼지 못한다. 반면에 혼이 많이 났던 아이들은 모든 게 스승의 은혜인 줄 아는 듯했다.

대학 합격자 발표가 끝나고 신학기가 다 되어 가는 어느 날 서울대에 합격한 ○○이가 학원에 왔다.

"선생님, 그동안 너무 감사드립니다. 모두 선생님 덕분입니다."

공부를 잘한 녀석 중에 이 녀석처럼 찾아와 감사의 마음을 전하는 경우는 손가락에 꼽을 정도다. 특히 서울대 합격한 녀석들이 그랬다.

"그동안 수고했어. 지금부터 시작이라고 생각하고 더 열심히 해."

○○이는 까불까불거리던 초등학교 4학년 때 처음 학원에 왔다. 그때부터 학원에 와서 무려 9년을 다녔다.

초등학교 시절과 중2까지는 초등부 선생님과 중등부 선생님이 지도를 한다. 그래도 학원이 원체 작은 규모이다 보니 원생 하나하나를 모두 파악하고 있었다.

게다가 녀석의 아버지는 모 중고등학교 앞에서 서점을 운영하고 있어서 수시로 교사용으로 많은 책을 가져다 주셨다.

중학교 2학년 즈음부터 의젓해졌다. 공부에 맛을 들인 것이다. 아마도 할아버지의 영향이 크지 않았을까 한다. 내가 그런 생각을 하는 이유는 한번 할아버지의 초대로 녀석의 집에 간 적이 있다. 그때 할아버지의 인품을 보고 녀석이 할아버지의 영향을 많이 받는 것으로 판단이 들었다.

"우리 ○○이 잘 부탁드립니다. 잘못하면 혼을 내셔도 됩니다."

녀석은 중3부터 나와 공부를 했던 것 같다. 줄곧 전교 1등을 놓치지 않는 아이였다. 그렇다고 건방을 떨거나 우쭐한 경우가 없이 항상 겸손했다. 정말 흠잡을 데 없는 녀석이었다.

녀석은 농경제학과를 갔다. 학원을 올라오는 계단 벽에는 SKY로 불리는 소위 명문대진학생과 각 과목 수능 만점자들의 이름과 출신학교와 합격한 학교가 적힌 게시판이 있다. 녀석은 가끔 학원에 올 때면 그 '농'자를 빼주면 안 되느냐고 농 섞인 얘기를 하곤 했다.

수능에서 수학 1번을 틀린 녀석이 있었다. 이 녀석 또한 고등학교 내내 전교 1등을 하던 녀석이다. 성균관대를 갔다. 학원을 찾아 올 때면 만점자 난에 자기를 왜 뺐냐며 투덜거렸다.

"아이 녀석아, 거기에는 정확한 사실을 적어야지. 거기에 거짓말을 적나?"
"아~ 샘."
"그 대신 재학 중 전교 1등 난에 있잖아."

인간의 행위를 연구한 존 듀이(John Dewey)는 이렇게 말했다.

"인류의 본질 속 가장 뿌리 깊은 욕망은 중요한 인물이 되고 칭찬받는 사람이 되는 것이다."

녀석들은 그 작은 사실에 촌각을 세우기도 한다. 그러나 너희들 모두
는 내게 자랑스러운 제자들이다. 그거면 되었다.

공부에 미쳐본 적 있니

그 애는 빼주세요

무려 9명의 어머니가 단체로 학원을 찾았다. 중학교 3학년 아이들의 어머니들이었다. 10명의 아이들을 묶어 한 팀으로 만들어달라고 했다. 같은 학교 1등부터 제일 못하는 녀석이 50등이었다.

○○이는 50등의 아이였다. 그 위의 아이가 30등이었다. 그날 ○○이의 어머니는 오지 않았다. 학교 선생님이셨기 때문에 같이 못 왔다고 했다.

전교 1등부터 50등이 한 반에서 공부를 한다는 건 쉬운 일이 아니다. 그러나 어려운 일도 아니다. 수업이 시작되었다.

○○이는 다른 아이들에 비해 질문이 많았다. 다른 아이들은 묻는 질문에만 대답을 할 뿐 스스로 질문을 하는 일은 없었다. 녀석들은 친하기도 했지만 서로 경쟁이 치열했다.

학원에 오면 수업 시작 전 수다를 떨기도 했는데 그 속에 녀석들의 눈에 보이지 않는 신경전이 얼마나 치열한지 엿볼 수 있었다.

"야, 너 어제 몇 시에 잤어?"

"일찍 잤어."

"뭐래. 어제 너 방 불이 새벽 2시까지 켜져 있던데?"

"어 그거……. 불 켜놓고 잤어."

"거짓말하고 있네."

아파트에 사는 애들은 서로의 동호수를 알고 각자의 공부방을 아는지라 그런 것도 경쟁이었다. 그래도 학원 자습시간에는 서로 묻고 가르치고 하는 분위기였다. 내가 늘 이야기하는 '가르치는 게 최상의 공부다'라는 것을 이미 깨닫고 있는 녀석들이었다.

그러던 어느 날 어머니 몇 분이 오셨다.

"선생님, 죄송하지만 ○○이를 좀 빼면 안 될까요?"

"무슨 말씀이신지?"

"○○이가 수업시간에 엉뚱한 질문을 많이 해서 다른 애들이 스트레스를 받는답니다."

"엉뚱한 질문이요? 그런 건 없는데."

녀석이 질문이 많은 건 맞지만 그건 엉뚱한 질문은 아니었다. 오히려 내가 보기에 아주 예리한 질문을 많이 했다.

"내가 보기엔 ○○이는 천재적 기질이 있는 듯 보입니다."

"네? 천재적 기질이요?"

어머니들은 동시에 냉소적 웃음을 띠었다. 그날 그 자리엔 당연히 ○○이의 어머니는 없었다.

그 일이 있은 후 전교 1등과 몇 명의 아이가 학원을 그만두었다. 그 아이들의 회비만큼 다른 부모님들이 부담하는 것으로 그 팀은 유지되었다. 겨울방학이 지나고 녀석들은 고등학생이 되었다.

고등학교 첫 중간고사에서 H고에 간 남학생 △△와 H여고에 간 여학생 ○○이가 전교 1등이었다. 학원을 그만두었던 중학교 전교 1등을 하던 녀석은 ○○이와 같은 H여고를 갔지만 그 시험에서 58등을 했다. 그 애는 다시 학원을 왔다가 2학년 때 또 학원을 그만뒀다. 대학입시에서 그 애는 부산대를 갔고 ○○이는 서울대를 갔다. 공부는 기나긴 마라톤과 같다. 골인 지점에 와서야 진정한 승자가 결정된다. 포기하지 마라. 더군 다나 자만하지 마라. 지금 나보다 뒤처져 있다고 경시해서도 안 된다. 그 저 자신의 페이스에만 신경 쓰고 가는 것이다. 그것이 최상의 레이스다.

선생님 우리 애 1등급 만들어주세요

영어선생님에게서 한 녀석을 맡아달라는 전화가 왔다.

"신 선생, 애가 영어는 잘하는데 수학이 좀 안 돼. 신 선생이 맡아주면
고맙겠는데……."

선생님들의 부탁은 거절을 잘 않는다. 서로가 그렇다. 일종의 예의이
기도 하지만 그건 모종의 연결된 끈이 끊어지는 결과로 이어질 수 있기
때문이다. 선생님들은 서로의 레벨에 따라 국어, 영어, 수학, 과학이 연
결되어 있는 경우가 많다. 아무리 어떤 과목의 선생님이 나와 연결이 되

고 싶어 해도 쉽게 들어올 수 없다. 그것은 그들이 더 잘 안다.

당시 비는 타임이 없었지만 일단 상담이라도 해볼 테니 보내보라고 했다. 곧 여름방학이었기 때문이다.

"성적표 들고 왔어?"

"아니요?"

나는 아이들의 성적표를 꼭 확인한다. 객관적인 판단의 근거가 되기 때문이다.

"일단 테스트를 해보고 얘기하자."

녀석이 테스트를 끝내고 채점을 해보니 엉망이었다.

"공부를 안 하나?"

"하는데요. 지금 수업하는 곳의 진도랑 안 맞아서……."

"무슨 소리야? 이건 다 배운 거잖아."

틀린 것을 모두 조목조목 설명을 해주고 말했다.

"안 배운 거 있어?"

"아니오."

"나한테 공부를 하러 오든 아니면 지금 다니는 데 다니든 그건 네가 결정할 일이야. 하지만 늦으면 늦을수록 기회는 사라진다. 알겠어? 어머니와 상의하고 전화해."

녀석은 바다 위 다리를 하나 건너 해운대까지 학원을 다니고 있었다. 며칠 뒤 어머니로부터 전화가 왔다.

"선생님한테 가겠답니다. 잘 부탁드립니다."

그때가 고2 여름방학이었다. 성적표는 이랬다. 7, 7, 7.

1학년 1학기 7등급, 2학기 7등급, 2학년 1학기 7등급이었다. 더 놀라운 것은 잘한다던 영어성적도 듣던 것과 달랐다. 녀석에게 물으니 영어선생님은 성적표 확인을 안 한다고 했다.

영어선생님에게 전화를 했다.

"선생님, 녀석 성적표를 확인 안 해보십니까? 확인해보십시오."

녀석은 성적표 위조도 한다고 했다. 부모님에게는 위조한 성적표를 보여준다고 했다. 충격이었다. 곧바로 어머께 연락을 했다. 직접 학교에 가서 담임 선생님께 확인을 하고 오시라 했다. 비상이 걸렸다.

"너 솔직히 말해봐. 그쪽 학원선생님이랑 당구도 치고 했지?"

"네."

"같이 밥도 자주 먹지?"

"네, 근데 샘 그걸 어떻게 알아요? 그 샘 아세요?"

"뻔한 거 아니야. 너 성적 보면."

녀석에 대해 주변 아이들을 통해 더 알아봤다. 아이들이 알아와 내게 전한 내용은 충격적이었다. 녀석의 별명은 '또자'였고 야동 마니아라는 것이었다. 어머니에게 사실을 말했다. 어머니는 처음엔 펄쩍 뛰었다. 녀석에게 그럴 시간이 없을 거란다. 그래도 모르니 챙겨보시라 했다. 다행히 그 당시 형이 방학이라 집에 내려와 있었는데 컴퓨터를 잘 다룬다고 했다. 형이 찾아낸 엄청난 양의 야동에 어머니는 충격을 받았다.

"야단을 치지 말고 조용히 불러 사실만 얘기하십시오. 절대 야단을 치면 안 됩니다."

그 일 이후로 공부에만 전념하겠다고 했다. 여름방학이 끝나고 녀석이 말했다.

"우와 샘. 여태껏 저는 공부한 게 아니네요."

"아니 다행이네."

녀석은 2학기도 그다지 성적이 오르지 않았다. 문과면 좀 더 쉬웠을 테지만 이과는 확실히 무리가 있었다.

겨울방학이 왔다. 녀석은 제법 수학에 흥미를 느꼈다. 공부 양이 엄청났다. 자연히 실력이 많이 늘었다. 겨울방학이 끝나고 3학년 3월 모의고사를 쳤다. 3등급이었다. 그때 어머니가 한 말이 기억난다.

"선생님, 우리 애 1등급 만들어주세요."

1등급이라……. 이제 겨우 3등급에 들어섰다. 못 해낼 이유는 없다. 그러나 쉬운 일이 아니다. 부모들은 이렇게 말을 쉽게 한다. 3등급이 2등급이 되고 2등급이 1등급이 된다는 것은 결코 쉬운 일이 아니다. 객관적으로 보아 2등급과 1등급은 공부에 대해 지금껏 상당한 내공을 쌓아온 아이들이다. 특히 1등급은 초등학교부터 관록이 붙은 아이들이 태반이다. 그들을 뚫고 오르는 것은 결코 쉽지 않다.

중간고사 성적은 겨우 60점대에 턱걸이로 올랐고 6월 모의고사도 3등급이었다. 그러나 지난번 3월 모의고사와 달리 같은 3등급이래도 2등급과 1문제 차라 희망이 보였다. 여름방학이 되었다. 방학을 어떻게 보내느냐에 따라 상황은 바뀐다. 녀석은 엄청난 집중력을 발휘했다. 9월 모의고사는 2등급에 턱걸이를 했다. 희망이 보였다. 녀석도 가능성을 인지 했다. 그러나 녀석에게 늘 말했다.

"목표는 3등급이다. 그 위는 신에게 맡긴다. 알겠어?"

녀석이 시험에 대한 강박관념 없이 마음 놓고 시험을 치라는 얘기였다. 결국 녀석은 수능에서 1등급을 받았다. 신이 도운 것이다.

녀석은 결국 연세대에 최종 합격했다.

변호사가 되고 싶어요

어느 날 예쁘게 생긴 여자아이가 아버지와 함께 원장실로 들어섰다. 생글 생글 웃는 얼굴을 하고 전혀 주눅 들지 않은 표정이었다. 대뜸 "선생님 저 변호사가 되고 싶어요."라고 했다. 테스트를 하기 위해 아이가 나가고 아버지와 얘기를 했다. 대개는 어머니와 오는 게 일반적이고 아버지와 같이 오는 경우는 드물다. 가정에 문제가 있는 걸까? 하는 생각을 하고 있는데 아버지가 말씀 하셨다. "저 아이 테스트를 치나마나 다 틀릴 겁니다. 성적이 거의 꼴찌입니다."라고 했다. 아버지는 내 이야기를 많이 들었고 욕심을 내지 않는다. 단지 저 아이가 공부를 하려는 마음을 가져준 게 기특해서 과외를 시키려고 한다. 이때 해주지 않으면 금방 또

사그라질 거다. 아버지의 마음에 작은 감동을 받았다.

내가 아이의 테스트 종이를 받으러 갔더니 거의 손을 대지 않았다.

"샘 이거 고2 꺼 맞아요? 왜 이렇게 어려워요?"

그러면서도 명랑함은 잃지 않았다.

"얌마, 너 공부를 전혀 안 했네."

"헤헤 지금부터 열심히 할 거예요."

무한 긍정의 아이였다. 그때가 2학년 겨울방학이었다. 곧 3학년인 것
이다. 아버지와 아이를 앉혀놓고 말했다.

"이 정도면 2년의 계획을 세워야 합니다. 재수를 목표로 가야 한다는
겁니다."

내 말에 아버지가 긍정을 했다. 그러겠다고 했다. 아이에게 다짐을 받
았다.

"선생님 시키는 대로 해야 한다. 만일 공부하는 게 내 맘에 들지 않으
면 그날로 끝이다. 할 수 있겠어?"

"예, 샘. 감사합니다."

아이가 씩씩하게 대답을 했다.

이튿날부터 아이의 공부가 시작했다. 수학의 기초부터 했다. 고1 과정이라며 프린트를 내주며 풀어보라고 준 것은 사실 초등학교 4학년 문제였다. 몇 개를 맞추었다.

"어쭈 제법인데⋯⋯. 아예 완전히 깡통은 아니네."
"몇 개 맞은 거예요?"

녀석은 호들갑을 떨었다. 아이의 기를 살려놓는 게 공부에서는 최고의 대책이다.
하루는 학교에서 오자마자 담임 샘에 대한 푸념을 하기 시작했다.

"쌤, 우리 담탱이 때문에 못 살겠어요."
"왜?"
"샘이 내가 샘이랑 공부한다니까 이제 너도 전교 1등하겠네 하고 매번 와서 노트도 뒤적이고 짜증나 죽겠어요."

녀석이 그렇게 말하는 데는 이유가 있었다. 담임이 올해 새로 오신 분인데 먼저 있던 학교에서 있었던 얘기를 아이들에게 수시로 하는 것 같았다. 한참 듣다 보니 내가 학원에서 하던 얘기랑 비슷하더란다. 그래서 샘한테 물었단다.

"샘, 그 오빠 이름이 누구누구 아니에요?"
"어? 네가 그 오빠를 어떻게 알아?"
"그 오빠 우리 학원 샘한테서 공부했다던데요."

그 녀석은 160명 정원에서 154등을 하다가 전교 1등이 되어 그의 학교에서 신화적 존재가 되었다. 그 녀석 덕분에 그 학교 후배 녀석들이 많이 왔었다. 그날 이후로 매번 교실에 오면 그 얘기를 하며 놀린다는 것이다.

꼴찌에 가까운 녀석이니 얼마나 기가 찼겠는가? 그래도 녀석은 씩씩거리면서도 늘 씩씩하게 열심히 공부를 했다.

"쌤, 두고 보세요. 저도 그 오빠처럼 될 거예요. 그래서 담탱이에게 복수할 거예요."

겨울방학 때 죽자고 공부를 했지만 겨우 중등과정 정도의 대수와 기하를 마쳤다. 고3 3월 모의고사가 코앞이지만 전혀 대비를 시키지 않았다. 어차피 재수를 목표로 가는 거니까 내신도 아예 무시를 했다. 고 1과정의 대수와 함수 공부를 했다. 아이들을 가르치다 보면 대수의 기본이나 함수 수열 모든 부분이 초등과정에서 시작된다는 것을 일깨워주는 것이 무엇보다 중요하다. 실타래처럼 연결되는 것임을 스스로 깨닫게 해야 하는 것이 중요하다는 것이다. 예를 들어 똑같은 방정식 문제가 초등과정에도 중1 과정에도 중2, 중3 과정에도 고1 과정에서도 나온다. 그것이 각 학년에 따라 어떻게 접근하는가를 알려주고 이해를 하게 한다. 함수도 마찬가지다. 방정식과 부등식과 함수의 관계를 이해시키고 문제를 풀어 나가면 아이들은 쉽게 방정식 부등식 함수를 풀어낸다. 가끔 아이들이 말한다.

"쌤, 이렇게 풀면 이렇게 쉬운데 교과서나 참고서의 풀이는 왜 그리 복잡해요?"

"그건 책이 가지는 한계 때문일 거야. 강의와 다르게 책에 글로 설명을 하는 데는 한계가 있거든. 만일 쌤이 가르치는 대로 풀이집을 만들려면 엄청난 풀이를 해야 할 거야. 무슨 말인지 알겠어?"

"예~~"

실상 아이들은 완연히 모르면서도 대충 내 말이 무슨 뜻인지 어렴풋이 알고 알겠다고 한다. 만일 대수문제를 참고서의 답안에 기하적으로 접근해 서술하려면 엄청난 해설을 덧붙여야 한다는 걸 아이들이 이해하기는 어려울 것이다.

어쨌거나 녀석은 수학을 푸는 것에 신이 나 했다.

"아하……. 이래서 이렇게 되는구나. 뭐 쉽네."

"쌤, 좀 더 어려운거 없어요?"

· 여름방학이 끝날 때 2학년 과정을 마쳤다. 방학 한 달은 평상시의 3개월에 맞먹는다. 이제 모의고사를 풀어도 될 수준이 되었다. 아니 공부하는 과정 중에서 이미 많은 기출 문제를 녀석은 풀어본 상태였다. 녀석이 그걸 알 턱이 없다. 내가 얘길 안 하니까? 일취월장하는 모습이 보였다.

학교에서 앞에 불려나가서도 척척 풀었노라고 자랑질이 어마어마했다.

"샘, 오늘 우리 담탱이 한방 먹이고 왔어요. 하하하."

언제나 쾌활하다. 성적이 전 과목이 꼴찌 수준에서 절반 수준으로 그리고 상위 30% 정도 까지 올랐다. 그도 그럴 것이 수학에서 몇 십 점을 더 받으면 평균이 엄청 오르기 때문이다. 그렇게 시간은 흘러 수능이 다가왔다.

"올해는 그냥 쳐보는 거니까 쫄지 말고 아는 것부터 풀어라."

"네, 쌤."

"돼지 꼬리부터 빼는 거 알지?"

"네, 쌤."

돼지꼬리 빼는 것은 일단 문제지를 받으면 대충 훑어서 어려운 것은 돼지꼬리를 붙여 제껴 놓으라고 한다. 몇 개를 맞추는 게 아니라 몇 개를 틀려도 된다는 마음을 주입시킨다. 1등급은 두 개를 버려도 되고 2등급은 서너 개를 버려도 되고 하는 식이다.

수능이 끝났다. 3등급이었다. 그래도 녀석은 기분만큼은 최상이었다. 법대 원서를 쓰겠단다.

"그래, 써야지. 기왕이면 서울법대를 쓸까?"
"아 쌤, 농담하지 마세요."

부산의 모 대학 법학과 원서를 냈다. 면접을 보러 가는 날 신신 당부를 했다. 너는 3학년 들어서 성적이 이만큼 올랐다. 나는 대학 와서도 이만큼 노력할 것이라는 것을 어필하라고 했다.

"떨어져도 된다. 편하게 해라. 그러나 최선은 다해라."
"네, 쌤."

언제나 씩씩하다. 저 자신감은 대체 어디서 나오는 걸까?

"네가 이번에 합격하면 그 학교에서 널 학교홍보지에 모델로 하려고 뽑은 걸 거야."

"아~ 쌤."

그런데 그 녀석은 그렇게 합격을 했고 정말 이듬해 학교홍보지에 사진
이 실렸다.

대학을 졸업하고 곧바로 로스쿨로 진학을 했다. 마음을 둔다는 게 이
처럼 중요하다. 목표를 설정하고 몰아붙이면 열정이 솟아나는 것이다.
목표를 정하라. 꿈을 가져라. 그러면 열정이 샘솟을 것이다.

우리 애 좀 가르쳐주세요

같은 모임에 있어 가끔씩 만나는 아버지가 있었다. 이 사람은 나만 만나면 자기 아이 좀 가르쳐달라는 소리를 했다. 그런데, 정작 아이를 보내지는 않았다. 처음 그 소리를 시작한 때가 아이가 고등학교 진학할 때였던 것 같다. 그런데 어느 날 전화가 왔다.

"아이가 수학 공부를 한다고 중학수학 참고서를 사달라는데 사줘야 합니까?"

그건 시간 낭비다. 혼자서 해결할 수가 없으니 내게 보내라고 했다. 그때가 고3에 올라가기 전인 고2 겨울방학이 시작될 때였다. 무려 2년이란 세월이 걸린 것이다. 아마도 최종적으로 내게 보낸 결정적 계기를 나는 그렇게 생각한다. 그동안에는 나를 믿지 못했다는 이야기다.

어느 날 시청의회에서 회의를 마치고 의회의장님과 식사를 하는 자리가 마련되었다. 그 의회의장은 내가 예전에 몸 담았던 입시학원의 원장이었다. 그 자리에서 자연히 원장님이 나를 침이 마르도록 칭찬을 했다. 우리 학원의 최고의 공신이라고 추켜 세웠다. 내가 6년간 근무했던 곳이다. 내가 6년간이나 근무한 데는 나만의 이유가 있었다. 할머니가 돌아가셨을 때 이 원장님이 내게 보여준 것이 그를 6년간 떠나지 않았던 계기가 되었다. 밤새 빈소를 지켜 준 것이다.

어느 날 나를 원장실로 불렀다.

"다른 데로 갈 생각이 있는 거야?"
"무슨 말씀인지? 저는 그럴 생각 없습니다."
"어느 원장이 자기한테 오기로 했다던데?"
"그 원장님한테 그런 말씀드린 적 없습니다."

그건 오해였다. 당시 각 학원 원장들 사이에서 나를 스카우트하려는 움직임이 많았던 건 사실이었다. 그들과 술자리를 한 것도 맞다. 그러나 그건 예의상 간 자리였고 옮길 생각은 전혀 없다고 분명히 말을 했었다.

아마도 나를 떠본 모양이었다.

"누가 이제 그만 자기에게 넘겨달라는 말을 하더구먼."
"그냥 그 사람들 생각일 뿐입니다. 저는 갈 생각을 전혀 안 합니다. 걱정 마십시오."

어느 날 경리 아가씨가 내게 말했다.

"샘은 왜 그리 인기가 많으세요?"
"무슨 소리야?"
"애들이 전화가 와서 샘이 계신가 물어요? 왜 그러냐고 했더니 샘이 있으면 등록을 하고 안 계시면 등록을 안 하겠다는 거예요. 그런 전화가 한둘이 아니에요. 사모님도 들었어요. 진짜 멋져요, 샘."

호들갑을 떨었다. 고마운 일이었다. 방학 때마다 하는 재학생 캠프에서 아이들이 나의 존재여부를 묻는 전화가 많았던 거 같았다. 캠프가 시작되기 전 원장의 호출이 있다고 원장실로 가보라는 통보를 사무실 아가씨가 했다.

"신 선생, 이거 받아."
"뭡니까 이게?"

"그냥 써라."

봉투에는 백만 원이 들어 있었다. 당시에는 백만 원이 꽤 큰돈이었다. 주축이 되는 선생님들과 회식을 했다. 고마운 일이었다. 한편으로 보면 그는 사람을 다루는 법을 알고 있었던 것이다.

어쨌거나 ○○이는 그렇게 나와 인연이 닿았다. 아마도 그날의 모임이 아니었다면 만나지 못할 인연이었지 않을까 싶다. 집안 형편상 방학동 안만 1:1로 하고 방학이 끝나면 팀반으로 가기로 했다. 겨울방학 동안 기초 공부를 했다. 거의 초등학교 수학부터 했다. 대수의 기본과 기하의 기본을 했다. 잘 돌아가지 않았다. 그동안 게임만 한다고 야단만 치고 정작 아이를 방치한 결과였다. 학원을 다닌 적이 없다고 했다. 아버지에 대한 응어리가 많았다. 어느 날 아버지로부터 꾸지람을 들었던 것 같다. 수업이 끝날 때쯤 늘 데리러 오던 아버지로부터 혼자 알아서 오라고 하라는 전화가 왔다. 내가 택시비를 건넸다.

"이거 가지고 택시 타고 가라."
"아닙니다. 걸어가겠습니다."
"아니, 여기서 거기가 어딘데 이 시간에 걸어간다는 거야? 받아."

걸어서 가면 족히 1시간은 걸리는 거리였다. 그때 시간이 새벽 1시였다. 녀석의 고집도 대단했다. 결국은 걸어가겠단다. 집에 도착할 때쯤 전화를 하니 아파트 앞이라고 했다. 친구들이랑 1시간 농구한 것이 아버지의 역정의 실마리였다고 한다.

"아니, 이 대표님. 애들이 농구 1시간 할 수 있는 거지 뭘 그것 가지고 애를 잡아요?"

"아니 지금 때가 어느 땝니까? 제까짓 놈이 지금 놀 시간이 어디 있다고."

"애들도 공부만 할 수 있는 게 아니잖아요. 걔들도 스트레스가 있고 그걸 농구 같은 걸로 풀어야지요."

아버지가 아이를 그렇게 족치는 이유는 알겠지만 아이들도 숨 쉴 수 있는 여유를 줘야 한다. 몰아붙인다고 되는 것은 아니다. 그들도 나름의 생각이 있다. 어렵사리 마음잡고 공부하는 아이에게 찬물을 끼얹는 것과 다를 바가 없는 행동이다. 부모의 작은 행동 하나가 아이들을 비뚤어지게 하는 원인이 된다는 것을 알아야 한다. 자식농사는 결코 쉬운 일이 아니다.

방학을 마치고 두 명이 하는 팀반으로 들어갔다. 여전히 잘 돌아가는 것은 아니지만 녀석은 공부를 엄청나게 하고 있었다. '열심'이라는 말이 제대로 적용이 될 듯했다. 그런데도 아버지의 잔소리는 끝이 없는 듯했다.

"이 대표님, 아이를 좀 그만 다그치세요. 지금 잘하고 있는 아이에게 그렇게 하면 역효과가 납니다."

"아니 지금 자기 밑에 퍼붓는 돈이 얼만데……."

결국 돈이 문제인 건가? 설사 그렇다 쳐도 부모가 아이를 다그치는 것은 좋지 않다. 소위 생색을 내서는 안 된다. 아이를 믿고 기다려줄 줄 알아야 한다. 그게 부모의 자세다. 믿음이 있어야 된다는 이야기다. 아이에게도 그를 가르치는 선생에게도 마찬가지다.

문제가 생겼다. 같이 공부하는 아이의 아버지로부터 전화가 왔다.

"우리 애가 지금 같이 공부하는 녀석이랑 같이 못하겠답니다. 스트레스가 너무 큰 모양입니다. 그냥 1:1로 해주셨으면 고맙겠습니다."

난감한 일이었다. 어쩔 수 없이 또 1:1로 할 수밖에 없는 상황이 되었다. 아버지와 자초지종 얘기를 나누고 그렇게 하기로 했다. 실상 그게 맞기도 했다.

여름방학이 되면서 녀석의 실력은 일취월장했다. 9월 모의고사에서 3등급이 나왔다. 어느 정도 되었다. 그 이상은 욕심이라는 생각도 했다. 그래도 우리는 아직도 배고프다. 도전은 끝이 없는 것 아닌가? 최종 모의고사에서도 3등급이 나왔다. 수능도 잘 쳤다는 전화가 왔다. 풀기는 다 풀었단다. 수능 점수가 나온 날 녀석이 선물을 들고 집으로 왔다.

"쌤, 저 몇 등급인지 아세요?"
"뭐 1등급이라도 받았어?"

녀석의 격앙된 목소리에 내가 그렇게 묻자 녀석의 입에서 놀라운 대답이 나왔다.

"쌤, 저 1등급이에요!"
"네가? 와우 진짜야?"
"예. 이거 보세요."

과일을 깎고 있던 아내가 한마디했다.

"쟤는 평소 얌전하더니 오늘 왜 저래요?"
"어어, 흥분할 만하네. ○○이가 1등급을 받았네."

녀석은 확실히 못 푼 게 다섯 문항인데 그걸 찍었는데 맞은 게 있었다는 거였다.

'진인사 대천명(盡人事 待天命)'

정말 하늘이 있나 보았다. 녀석의 노력에 신이 답을 한 것 같았다. 대학 원서를 냈다. 해양대학교에 최종합격을 했다. 경사가 또 있었다. 교수님의 추천으로 장학금을 받으면서 다닐 수 있다는 소식이었다. 졸업을 하고 소위임관을 하던 날 멋진 사진과 함께 전화가 왔다.

"쌤, 감사합니다. 다 선생님 덕분입니다."
"어 그래. 수고 많았다. 복무 잘하고 오너라."

우리는 꿈을 갖고 목표를 세우면 마음에 열정이 생긴다. 그 열정이 우리를 목표로 이끄는 것이다. 오늘 자기 전에 '꿈'이라는 한 글자를 적어두고 생각에 잠겨보기 바란다. 그대들은 할 수 있다. 나는 그것을 믿는다.

야구선수에서 우등생으로

"야구를 하다가 어깨 수술을 하고는 그만두었습니다."

중3인 녀석의 어머니였다. 곧 고1이 되는 겨울방학 때였다. 투수 출신의 야구선수가 어깨가 빠져 좋아하는 야구를 그만두었으니 그 마음이야 오죽할까. 그러나 녀석은 덤덤히 받아들이고 있는 것 같았다. 그렇게 녀석과의 첫 만남이 이루어졌다.

"많이 아쉽겠구나."
"지금은 괜찮습니다. 탓하고 있어봐야 변하는 건 없잖아요."

어른스러웠다. 공부에 대한 기초도 문제겠지만 동기부여가 필요했다. 언젠가 읽은 이야기가 생각났다. 고1까지 축구를 하다가 의대생이 된 아이의 이야기를 해줬다. 무덤덤했다. 그래 차차 이야기하자. 대수와 기하 그리고 함수에 대한 기본부터 시작했다. 다행히 함께하는 그룹스터디의 아이들이 모두 활기찼다.

나는 학원 내에서는 학년을 구별하지 않는다. 그런데 이 학년의 신입생들이 모두 고만고만했다. 서로 묻고 같이 문제를 풀어나가는 모습이 나를 흡족하게 했다. 방학 동안 기초를 마쳤다. 통상 고등수학의 기초가 되는 중학수학 과정을 마무리하는 데는 두 달 정도 걸린다. 그러나 방학 때는 그 시간을 훨씬 앞당길 수 있다. 물론 아이가 받아먹기 나름이지만 말이다.

녀석이 그랬다. 군소리 하나 없이 모든 걸 착착 해내고 있었다. 더군다나 공부가 재미있다는 얘기도 했다. 아마도 야구를 할 때의 훈련 강도를 의식하고 있는 것 같았다. 공부가 그보다는 쉽다는 생각일까? 어머니가 모 대학의 유아교육학과 교수였다. 아마도 가정에서의 어머니의 영향도 받을 것이다. 매사에 긍정적이었다. 보충을 위해 부를 때도 늘 제깍 달려왔다. 토를 달거나 변명을 하지 않았다. 가까운 곳에 독서실을 잡아놓고 공부를 하겠다고 했다. 학원 자습실보다는 그쪽이 나은 것 같다고 했다. 그런 것은 아이의 판단에 맡겼다. 단지 스터디그룹을 할 때는 언제나 참여해야 된다고 했고 녀석은 한 번도 빠진 적이 없었다.

녀석은 D고를 갔다. 이 지역에선 다른 D고와 함께 제법 빡센 공부를 시키는 학교다. 그게 어쩌면 나을 수도 있었다. 학교에서 9시까지 강제로 야자(야간자율학습)를 해야 하기 때문에 정작 아이들의 선택의 폭은 줄어들 수밖에 없었다.

야자시간에는 수학공부만 하라고 일렀다. 나는 수업을 제외한 하루 스스로 학습을 수학과 영어, 국어, 기타 과목을 영어를 1시간으로 했을 때 3:1:0.5:0.5로 하라고 한다. 보통 수학을 야자시간에 2시간을 하고 쉬는 시간과 점심시간에 밥 먹고 난 뒤의 자투리 시간을 이용해 1시간을 확보하라고 한다.

그러면 대개 야자시간이 3시간일 경우 수학에 두 시간, 영어에 한 시간을 쓸 수 있다. 나는 '공부는 스스로 할 때 실력이 는다.'라는 지론을 가지고 있다. 학교수업 시간과 학원수업처럼 선생님과 하는 공부시간보다는 스스로 공부할 때 진정 자기 것이 된다고 아이들에게 강조한다.

"공부는 스스로 하는 것이다. 스스로 할 때 실력이 쌓이는 것임을 명심해라."
"네, 선생님."

이 학년의 아이들은 특히 단합이 잘되었다. 그런데 4명 중 1명이 여름방학 직전에 탈락을 했다. 나는 방학 때면 아이들에게 엄청난 주문을 한다. 그게 너무 벅차다고 불만을 가지는 아이가 있고 그런 아이를 동조하는 부모가 있다. 그런 정신으로는 나하고 공부할 필요가 없다. 나중에 아이들에게 물어보니 '잘 놀고 있던데요.'라고 했다.

빈자리는 곧 채워졌다. 녀석은 2학기부터 학교 수업에 잘 적응해갔다. 나는 늘 아이들에게 이런 말을 한다.

"공부의 중심은 학교다. 내가 너희들에게 하는 일은 너희가 학교 수업을 알아먹게 돕는 일이다. 명심해라. 공부는 학교 선생님이 축이다."

녀석에게도 다른 애들을 가르치는 기회를 줬다.

"○○아, 얘한테 이 문제 설명해줘라."

그때 녀석의 표정은 천하를 얻은 듯했다. 우리 학원은 모두가 선생이고 모두가 학생이다. 전체는 몰라도 개별적 문제는 언제든지 다른 아이들에게 설명할 수 있다. 그렇게 만들어갔다. 또래의 눈높이로 접근을 하는 것이다. 선생이 위에서 내려다보는 강의만 하다 보면 자가당착에 빠진다.

내가 선생으로서 초짜일 때 나는 내 강의에 나 스스로 매료가 된 적이 있었다. 그러나 언젠가 아이들의 입장에서는 그게 아닌 것을 발견하고 부끄러웠다. 아이들 입장에서 생각하고 그 눈높이에서 문제를 설명해야 했다.

내가 막 강의를 시작했을 때, 고등학교 은사께서 물어보셨다.

"어때? 선생 할 만하냐?"
"네, 재미있습니다."
"넌 아직 멀었어."

5년쯤 지난 뒤에 또 물으셨다.

"선생 할 만하냐?"
"네, 제 적성에 딱인 거 같습니다."
"넌 아직 선생이 아니야."

10년이 지났을 때 또 물으셨다.

"무섭습니다."
"왜 그런 생각을 하는 거야?"
"선생이 아이들의 미래를 쥐고 있는 것 같습니다. 자칫하면 선생이 아이들의 미래를 망칠 수도 있다는 생각을 하니 참 두려운 위치가 선생인 것 같습니다."

"신 선생, 이제야 선생이 된 것 같구나."

생각해보면 그 동안 선생님은 나를 부르실 때, 늘 내 이름을 부르셨다. 이날 이후 전화통화를 하면 늘 "오, 신 선생이냐?"라고 하셨다.

"아이들에게 늘 따뜻한 밥 해먹여야 한다."

이 말은 늘 수업 준비를 철저히 해서 아이들을 가르치라는 선생님의 당부였다. 대충 훑어보고 가르치는 건 아이들에게 식은 밥을 데워 먹이는 것이고, 아예 준비도 안 하고 교실에 들어가는 것은 식은 밥을 먹이는 거라고 하셨다.

"선생 아무나 하는 거 아닌 거 같습니다."
"그런 생각이면 되었다. 너무 신경 쓰는 것도 좋지 않아."

녀석은 2학년 겨울방학 때는 수학에 완전히 빠져 살았던 것 같다. 녀석은 학원 자습실보다는 독서실을 선호했는데 어느 날 와서는 아침부터 수학만 공부하다 왔다는 거였다.

"쌤, 저 아침부터 수학만 9시간 하고 왔어요. 지금 수업 두 시간하면 11시간이에요."

나는 아이들에게 3주만 수학에 미쳐보라는 주문을 한다. 이 녀석은 요즘 수학에 미쳐 있는 중이었다. 새로 온 지 얼마 안 되는 2학년 여자아이가 말했다.

"쌤, 쟤는 내가 요 앞에 다녔던 학원 샘보다 설명을 더 잘해요."

'가르치는 게 최상의 공부다.' 내가 아이들 끼리 묻고 설명하게 하는 것은 또래의 눈높이에서 묻고 답하는 것도 있지만 그것이 가장 최선의 공부 방법임을 알기 때문이다. 남을 가르치다 보면 자기의 부족한 부분을 알게 되고 그것이 반복됨으로 확실한 개념정립을 통해 실력이 늘어가는 것이다.

녀석은 3학년이 되어 수학 1등급에 올랐다. 부산대학으로 진학을 했다. 야구선수 생활로 공부를 하지 못했던 지난 시절을 딛고 당당히 공부로 성공했다. 그는 이 자신감으로 세상을 헤쳐 나갈 것이다.

그걸 왜 가르쳐줘요

○○이는 2학년으로 올라가는 고1 겨울방학 때 왔다. 고신대 의대를 간 ㅁㅁ이 어머니의 소개로 왔다고 했다. 기초가 부족한 상황이었다. 문과 진학을 한다니 시간은 충분한 것으로 보았다. 겨울방학이었다. 이 기간에 기초와 고1 과정의 논점을 모두 마스터해야 했다. 수학을 가르치다 보면 아이들이 처음 막히는 곳이 방정식이다. 거기를 무난히 넘긴 아이들이 대부분 무너지는 곳이 있다. 바로 함수다. 이것은 가장 기본이면서 아이들이 어려워한다.

결국은 중등과정에서 방정식과 함수의 기본개념을 잘 잡아두는 것이 중요하다. 여기서 막힌 아이들이 고등수학에서 힘들어하는 건 당연한 일이다. 나는 수학을 나무에 비유한다. 뿌리, 줄기, 가지 그리고 열매로 나눈다. 나는 방정식과 함수를 그 줄기에 해당한다고 본다. 거기서 모든 방정식과 함수가 가지로 뻗어 나오는 것이다. 그리고 미적분이란 수학의 꽃을 피우고 열매를 맺는 것이라고 보는 것이다.

녀석은 그 기본이 되는 방정식과 부등식 그리고 함수의 이해가 늦었다. 그렇다고 이해를 무시한 채 진도를 빼서는 죽도 밥도 안 된다는 걸 알기 때문에 충분히 기다려주고 설명을 다각도로 해나갔다. 고2 여름방학이 왔다. 녀석은 방정식, 부등식 그리고 함수의 기본을 넘어 미적분을 이해했다. 소위 물꼬가 트인 것이다. 이때부터는 속도를 올려도 된다. 2학기가 되었다. 중간고사에서 수학 점수가 전교 2등이 되었다. 공교롭게도 자기 반에 전교 1등이 있었다.

"기말고사에서는 내가 그 놈을 이길 겁니다."
"욕심 낸다고 되는 게 아니야. 1등은 내가 하고자 해서 되는 게 아니라 열심히 하다 보면 어느 순간 내게 오는 거야. 욕심을 버려."

기말고사를 쳤다. 두 놈이 똑같이 두 문제를 틀렸는데 배점 싸움에서 녀석이 1등을 했다. 그리고 겨울방학이 되었다. 상대적으로 국어가 취약해 내가 믿고 맡기는 존경하는 선생님에게 보냈다. 녀석의 자신감이 점점 상승했다. 내친김에 전교 1등을 목표로 달리고 있었다.

"욕심으로 되는 게 아니야, 결과는 네가 한 대로 따라오는 거야. 1등은 자기도 모르게 찾아오는 거야. 욕심내지 마라."

일취월장이라는 말은 이럴 때 쓰는 것이었다. 드디어 3월 모의고사에서 일은 터졌다. 전교 1등이었다. 기염을 토했다.

그 와중에 작은 해프닝이 있었다. 어느 날 학원으로 녀석을 찾는 전화가 왔다.

"거기 ○○이 좀 바꿔줄 수 있어요?"
"누군데? 오늘은 수업이 없는 날인데. 근데 직접 전화를 해보지 왜 학원으로 했어?"
"저 ○○이 친군데요, 거기 ○○이 다니는 학원 맞아요?"
"어 맞아? 왜?"
"저도 거기 다니려고 하는데, 가도 되나요?"

녀석이 학원으로 왔다. 자초지종을 물으니 ○○이가 수학 성적이 많이 올라서 다니는 학원을 물었더니 인강을 듣는다고 하더란다. 그러다가 어느 날 녀석의 프린트 파일 안에서 학원 전화번호가 있는 프린트가 있어 전화번호를 알게 되어 전화를 했다는 거였다. 프린트 하단에는 학원 전화번호가 있다. 그런데 녀석은 그 부분을 잘라내고 파일을 묶어둔 모양이었다. 우연히 본 녀석의 파일에 미처 잘라내지 않은 프린트가 접혀져 끼워져 있더란다. 그걸 보고 전화를 했다는 것이다.

녀석이 수업을 하는 날 그 얘기를 했다.

"넌 프린트에 있는 전화번호 부분은 왜 잘라내고 공부를 하냐?"

그랬더니 귀까지 벌겋게 달은 얼굴로 입에서 뱉은 말은 충격적이었다.

"다른 애들이 보면 내가 다니는 학원을 알게 되잖아요. 걔들이 오면 나한테 불리하잖아요."

결국은 다른 애들에게 비밀로 하고 자기만 다니겠다는 것이다. 간혹 여학생의 경우 이런 적을 본 적이 있는데 남학생도 이런 사고를 가지다니 뭔가 씁쓸했다. 이만큼 아이들의 세상이 삭막해졌다는 것일까?

예전에 39점을 받았던 아이가 수학 만점을 받고 전 과목 1등이 된 적이 있었다. 그때 내가 그랬다.

"이제 ○○이 때문에 너네 학교 애들이 많이 오겠네."

그랬더니 그 녀석이 정색을 하며 말했다.

"걔들에게 왜 알려요? 다 경쟁자잖아요. 안 돼요. 걔들이 알면 안 되죠."

그때도 그 말을 들을 때 충격이었다. 아이들이 이렇게 이기적이구나. 어쩌다 이 지경이 되었을까 싶었다. 그런데 남자아이도 똑같다니 말문이 막혔다.

어쨌든 녀석은 3학년에 들어 중간고사도, 6월 모의고사도, 기말고사도 1등을 했다. 그리고 보니 아쉬운 점이 있었다. 1학년과 2학년 내신이었다. 이것이 결국 나중 녀석의 발목을 잡았다.

수능을 마치고 대입원서를 쓰기 시작했다. 문제가 생겼다. 아버지가 사립대는 절대 안 된다는 것이었다. 서울대는 원래부터 1학년부터 전 과목 내신을 보지만 이 해에는 부산대까지 1학년부터 내신을 본다는 것이었다. 학교에서는 부경대학교를 쓰라고 한 모양이었다. 국립대면 서울시립대도 있다고 추천을 했지만 아버지는 또 타지로 보내지 않겠다고 했다. 그러면 결국 부경대로 가야 하는 걸까? 답답했다. 비록 3학년 때부터지만 전교 1등을 한 애를? 이해가 되지 않았다.

하지만 결국 그렇게 되었다. 다행한 것은 녀석도 만족한다는 것이었다. 후회하지 않을 거라고 했다. 녀석은 결국 장학생이 되었다. 그러나 나는 못내 아쉬웠다. 과연 아버지 생각이 옳았을까? 언젠가 동국대와 부산대를 합격한 학생이 있었다. 나는 서울지역 대학이라는 것도 중요하게 생각하지만 전공을 보면 동국대 진학이 옳을 것으로 보았다. 그래서 나는 동국대를 권했고 학교에서는 부산대를 권했다. 지방자치시대를 맞아 지방대학에 대한 국가 차원의 지원이 있을 거라는 게 그 이유였다. 결국 아이는 부산대를 갔다. 학교가 아이의 적성과 미래보다 합격자 수에 연연해 맞지도 않은 대학으로 지원을 몰아붙이는 경우가 있다.

예전에 한 친구는 법대를 희망했다. 성적에서 서울대 법대는 안정적이지 못했다. 아버지와 나는 고대 법대를 희망했지만 학교는 서울대를 원했다. 어머니도 학교 의견에 동조했다. 결국 녀석은 서울대 상대를 갔다. 하지만 그는 이듬해 재수를 해 고대 법대를 갔다.

학교가 서울대 합격자 수를 위해 적성에도 맞지 않는 과로 아이를 몰아붙이는 것은 옳지 않다. 물론 결정은 아이와 부모가 하겠지만 중요한 것은 바람 잡는 일을 하지 말아야 한다는 것이다. 한 아이의 미래가 달린 일임을 상기할 필요가 있다.

길을 찾다

내 때린 놈 나와

"내 때린 놈 나와."

원장실에서 소리를 듣고 나가보니 웬 녀석이 긴 막대기를 들고 학원 복도에서 고함을 지르고 있었다.

주변에는 여선생님들이 어쩔 줄 몰라 하고 있었다. 순식간에 학원이 발칵 뒤집어졌다.

"무슨 일이야? 여기 지금 다들 공부하고 있으니 나한테 이야기해봐. 고함지르지 말고."

녀석의 말을 들으니 오락실에서 몇 명이서 자기를 때리고 이쪽 학원으로 올라갔다는 것이었다. 씩씩거리는 녀석을 겨우 달래 돌려보내고 가해 아이들을 찾았다. 고2 세 녀석이 나왔다.

어찌된 것인지 물었더니 참 어이없는 대답이 흘러 나왔다. 자기들이 하고 싶은 게임이 있어 줄을 서서 기다리고 있는데 녀석이 또 하고 또 하고 계속 동전을 넣더라는 거다.

"야, 적당히 하고 좀 일어나라. 뒤에 줄 서 있잖아."

그런데 뒤를 한번 힐끗 돌아보고는 게임을 계속하더란다. 그래서 화가 나서 때렸다는 것이다. 폭행을 한 것도 문제이지만 당시가 중간고사 대비 기간이었다. 아이들을 혼낼 수밖에 없었다.

쉬는 시간에 세 놈이 시키지도 않은 반성문을 써서 가져왔다. 거기서 일이 무마되는 줄 알았다. 그런데 교무주임선생이 원장실로 와서 지금 바깥에 이상한 움직임이 돈다는 것이었다.

"원장님 밖에 이상한 애들이 쫙 깔렸습니다. 아마도 아까 그 일 때문인 듯합니다."

내가 학원 아래로 나가보니 곳곳에 서너 명의 아이들이 서성이고 있는 게 보였다.

"너희들 뭐냐? 우리 학원에 무슨 볼일이라도 있어?"

내가 그 중 한 무리에게로 다가가니 슬금슬금 뒷걸음질을 쳤다. ㄷ자로 꺾어 다른 골목으로 접어들었는데 거기서 몇 명이 모습을 드러냈다. 순간 아차 싶었다. 나를 유인한 것이다.

"어쭈, 이것들 봐라."

놈들이 나를 빙 둘러섰다. 내가 가로등 하나를 옆에 두고 서 있었다. 나는 평상시 죽도의 대나무 하나를 짤막하게 잘라 불로 구워서 들고 다녔는데 순간 그것을 가로등에 팡 쳤다.

"다음엔 너네 머리통을 날려버릴 거다. 말로 할 때 조용히 가라."

다행히 녀석들이 슬금슬금 뒷걸음질 치더니 골목 위로 빠져 나갔다.

"아니, 내가 가면 나를 따라와야지 왜 아무도 안 따라왔어?"

도로에 나와 있던 남자 샘들과 기사들에게 말했더니 돌아오는 소리가 가관이었다.

"원장님 혼자 해결할 텐데요, 뭘."

어쨌거나 교무회의를 소집했다. '오늘은 집이 가까운 애들도 모두 승합차에 태워서 보낸다. 학부모에게 전화를 해서 집 앞에서 아이들을 직접 픽업하게 하라. 그리고 기사님들은 오늘 수고스럽겠지만 가까운 곳 아이들을 먼저 데려다주고 정상운행을 하라. 그리고 남자 샘들은 만약의 사태를 대비하라.'는 등의 결정을 내렸다.

긴급 교무회의를 마치고 학원 아래로 내려가 살펴보니 아직도 녀석들이 포진을 하고 있었다. 단축수업을 하기로 하고 좀 더 일찍 파하기로 했다.

아이들이 학원 승합차를 탈 때도 선생님들이 도열해서 아이들을 태웠다. 그렇게 모든 아이들이 하원을 했다. 선생님들도 대중교통을 이용하지 말고 함께 움직이라 했다.

이튿날 아는 태권도장 관장에게서 전화가 왔다.

"원장님, 어제 이런 일이 있었지요?"
"아니 어떻게 알아? 뭐 좀 아는 게 있나?"

알고 보니 맞은 애가 모 도장에 다니는 녀석이고 몰려온 애들이 그 도장 애들일 거라는 얘기였다. 그 도장 관장의 전화번호를 물어 전화를 했다. 미안하게 됐다고 사과를 했다. 나한테 전화를 했으면 될 것을 애들은 왜 풀었느냐고 물었더니 아이들끼리 행동을 한 것 같다고 했다.

그날 오후 가해 아이들을 데리고 그 도장을 찾았다. 아이들끼리 화해를 하고 잘 마무리가 되었다.

학원을 운영하다 보면 많은 일들이 생긴다. 우리 학원 아이들이 구타를 당하고 오거나 삥을 뜯기고 오는 경우도 흔하게 일어난다. 우리 학원 아이들이 워낙 끈끈하게 연결이 되어 있다 보니 아이들 싸움이 크게 확대되는 일도 가끔 있다. 모 태권도 관장과 합기도 관장 또한 아이들끼리의 싸움으로 인해 알게 된 인연들이다. 동네에서는 자주 애들로 인한 일들이 생긴다.

하루는 길을 가는데 웬 아주머니가 나를 불렀다. 아주머니는 나를 아는 듯했다.

"원장님, 저기 애들이 나더러 담배를 사달라고 합니다."

아주머니 손에는 만 원권 두 장이 들려 있었다. 내가 건네받고 아주머니가 얘기하는 쪽을 쳐다보니 몇이서 이쪽을 보고 있었다. 아주머니를 돌려보내고 그 쪽의 한 녀석을 불렀다. 이때는 다 부르면 안 되고 한 녀석을 콕 찍어서 불러야 한다.

"야, 너 이리 와봐?"

애들이 우르르 움직이려는 낌새가 보였다.

"아니, 너희들은 거기 있고 너 말이야. 제일 큰 놈. 너만 이리 와."

주춤주춤하다가 키 큰 놈이 왔다.

"너희들 뭐야? 어느 학교야?"

녀석은 형들이 사오라고 해서 심부름으로 왔다고 했다. 형들은 어디 있냐고 물으니 근처 PC방에 있다고 했다. 녀석도 나를 아는 눈치였다. 내가 원체 동네를 돌아다니며 우리 학원 아이들에게 호통을 치는 걸 많이 봤기 때문일 거다. 돈을 돌려주고 이런 심부름 하지 말라고 이르고 보냈다. 아이들끼리도 나중엔 우리 학원 애들을 잘 건드리지 않았다.

요즘 아이들이 어쩌면 너무 심한 통제 속에서 사는 것은 아닐까 하는 생각을 한다. 우리 때는 술과 담배를 누구든 살 수 있었다. 아이들이 술과 담배를 하는 것을 무조건 나쁘다고 보는 시각도 문제가 아닐까? 어른들의 잣대로 아이들을 구속한다. 가장 웃기는 건 자전거로 통학하면 칭찬을 하고 오토바이를 타고 오면 혼을 낸다. 뭐가 문제라는 걸까? 자전거는 되고 오토바이는 안 되는 이유는 뭘까? 탁구장은 되고 당구장은 안 된다. 찐빵집은 되고 빵집은 안 되는 건 누구의 잣대 때문일까? 교육계도 깨어나야 한다. 교복 자율화와 두발 자율화만으로는 안 된다. 그들을 통제의 틀 속에 가둘 것이 아니라 그들이 마음껏 끼를 발산할 수 있도록 해야 한다. 통제한다고 되는 건 아니지 않는가 말이다.

원장 어딨어 1

한번은 또 한 선생님이 내게 와서 내려가보셔야겠다고 했다. 술이 잔뜩 취한 장년의 남자가 고래고래 고함을 지르고 있었다.

"원장, 원장 나와!"

욕설을 섞어가며 행패를 부리고 있었다. 그때까지는 도대체 무슨 일인지 알 수가 없었다.

"무슨 일이십니까? 저한테 말씀해보시죠."

"당신이 원장이야?"

그는 술이 많이 취해 있었다. 대화가 되지 않았다. 욕지거리를 퍼부으면서 고함만 지르고 있었다. 위를 올려다보니 아이들이 창문으로 목을 빼고 무슨 재미난 일인 양 구경을 하고 있었다. 빨리 수습을 해야 했다.

"무슨 일인지는 몰라도 술 깨시고 다시 오십시오."

주변에 있던 학원 운전기사님들과 선생님들이 와서 그를 말려봤지만 당해낼 수가 없었다. 이런 사람은 곱게 대해서는 일단락이 안 된다. 이때는 세게 나가야 된다. 원장이고 뭐고 없다.

"이××. 뭐하는 놈인데 여기 와서 행패야? 가라, 가서 술 깨고 다시 와."

하며 슬쩍 밀었는데 뒤로 발랑 넘어졌다. 술에 취해 중심을 잃어 넘어지고는 사람을 친다고 또 난리가 났다. 급기야 주변 가게 사장님들이 몰려나왔다. 한 사장님이 그분을 아는 듯했다.

"박 사장, 왜 이러나? 원장님한테 무슨 행패야?"

그 사장님이 그 분을 끌고 가시고 학원을 정리를 한 뒤에 그 사장님을 찾아갔다.

"잘 아시는 분입니까?"
"아 예, 저 위에 중국집 사장입니다."

그러고 보니 뭔가 집히는 게 있었다. 며칠 전 학원 아이들이 학원을 오던 길에 빵을 뜯겼다고 했다. 그 애들에 대해 물어보니 중국집에서 배달하는 애들이라고 했다. 그래서 내가 일부러 그 집에 주문을 했다. 배달이 왔다.

"네가 ○○이냐?"
"아닌데요."
"거기 누구누구 있지?"
"예."
"오늘 저녁에 나한테 오라고 전해라."

그날 저녁에 그 녀석들은 오지 않았다. 다음날 다시 중국집에 주문을 했다. 어제의 그녀석이 왔다.

"어제 애들에게 전했나?"
"예."

"오늘 저녁까지 꼭 오라고 전해라."

그런데 그날도 오지 않았다. 다시 중국집에 주문을 했다. 늘 오던 녀석이 왔다.

"녀석들한테 전했나?"

"예."

"근데 왜 안 와?"

"애들이 오늘부터 다 그만뒀습니다. 출근을 안 했습니다."

그거였다. 배달하는 애들이 한 번에 다 같이 빠지면서 가게 영업이 엉망이 된 것이다. 그래서 그날 저녁 사장이 학원에 와서 행패를 부린 것이었다.

그런데 다음날 저녁 한 여선생님이 원장실로 와 지금 교무실에 중국음식이 배달되고 있다는 것이었다. 나가보니 지난번에 늘 배달 오던 녀석이 보였다. 이게 다 뭐냐고 물었다.

"사장님이 죄송하다고 이거 선생님들이랑 아이들 먹으라고 주셨습니다."

그때 학원에 있던 아이들이 먹고도 남을 분량을 보냈다. 뒤 타임에 오는 고등부들도 먹을 만큼 많이 보냈다. 전화를 걸어 도대체 이게 무슨 일이냐고 물었다.

"아이고 원장님, 그래 훌륭한 분인지 몰랐습니다."

이건 또 무슨 뚱딴지같은 소릴까? 어안이 벙벙했다.

"아, 어제 최 사장에게서 얘기 많이 들었습니다. 제가 술 취해서 행패를 부려 너무 죄송합니다. 용서하십시오."
"아니 제가 영업에 방해를 드려 죄송하지요."
"아니, 그 놈들이 그러는 놈들인 줄 몰랐습니다. 제가 경찰에 신고를 했습니다."

그런데 경찰에 신고까지나? 녀석들이 도망을 갈 때 돈을 가지고 나갔다고 했다. 며칠 뒤 경찰서에서 유 모 형사가 왔다.

"원장님, 걔들 우리가 이미 관리하고 있는 애들인데 불미스런 일이 생겨 죄송합니다."
"그렇군요? 애들은?"
"예, 다 잡아서 조치했습니다. 다음부턴 이런 일이 있으면 경찰서에 연락을 하셔야지 원장님이 처리하시려고 하면 안 됩니다. 요즘 애들 무섭습니다. 자칫하다간 다칠 수 있습니다."

 아이들이 내게 왔다면 조용히 처리될 수 있었던 일이 겁을 먹고 도망을 가면서 일이 엄청나게 큰일이 되어버렸다. 안타까운 일이었다. 제도권 내에서 아이들을 모두 통제하는 것은 힘든 일이다. 당시 나는 법무부 범죄예방위원회의 학교폭력위원으로 활동하고 있었다.

원장 어딨어 2

"원장 나와. 원장 어디 있어?"

학원 안에 쩌렁쩌렁거리는 고함소리가 울렸다.

또 한 번 학원이 발칵 뒤집어졌다. 수업을 하다 나가보니 웬 남자가 고함을 지르며 씩씩거리고 있었다.

"원장이 아이들 공부 잘 가르친다고 해서 공부하라고 학원엘 보냈더니, 미술학원 가라고 아이를 학교도 아닌 학원에서 퇴학을 시켜?"

대충 감을 잡았다. 내가 다가가 그를 진정시켰다.

"○○ 아버님이십니까? 원장입니다. 진정하시고 원장실로 가시죠."

그래도 막무가내였다. 악을 박박 쓰며 꿈적도 안 했다. 다른 샘들도 나와서 다독였다. 손에는 술병까지 들고 있었다. 자칫하다간 선생님들이 봉변을 당할 수도 있는 상황이었다.

빨리 흥분을 가라앉혀야 했다. 내가 양쪽 어깨를 잡고 원장실로 이끌었다.

"원장실로 가시죠."

따뜻한 차를 내놨다. 조금은 안정이 된 것 같았다. 오해를 하신 것 같다. 아이를 학원에서 퇴학을 시킨 게 아니다. 아이의 장래를 위해서 내린 결정이다. 술을 깨시고 다음에 다시 들려 달라. 어르고 달래고 해서 겨우 돌려보냈다.

그 일의 시초는 이랬다.

중3인 여자아이가 왔다. 기초도 부족했지만 도통 공부하려는 마음이 없는 듯했다. 공부에 아예 흥미를 잃고 학원에서조차 공부를 전혀 하지 않는 아이였다.

　상담을 해보니 자기는 공부가 싫고 자신이 없다고 했다. 그림을 그리고 싶다고 했다.

　"특별히 하고 싶은 게 있어?"

　"그림을 그리고 싶어요."

　"아버지와 상의한 적 있어?"

　"네, 그런데 아버지와는 말이 안 통해요."

　오랜 상담 끝에 그림공부를 하러 미술학원을 가도록 했다. 아버지한테 그림공부 하러 미술학원에 가겠다고 잘 말씀드리고 승낙을 받으라고 했다. 미술학원도 추천을 해줬다. 그리고 며칠이 지난 어느 저녁에 이 일이 일어난 것이다.

　몇 달이 지나 이 아버님이 양주를 한 병 사서 학원에 왔다. 기분이 매우 좋아 보였다. 저더러 연신 감사하다고 했다. 아이가 미술대회에서 큰상을 받았다는 것이다.

　"역시 소문대로 훌륭한 원장님이십니다. 아이의 재능을 잘 봐줘서 너무 감사합니다."

음악이 좋은 아이, 운동이 좋은 아이 천차만별의 아이들이 있다. 그들에게 주목해 아이들이 흥미 있어 하는 일에 관심을 가지고 재능을 빨리 알아보는 것이 부모의 역할이다.

왜 이렇게 부모들은 공부, 공부만 이야기하는 걸까? 아이들의 적성이나 흥밋거리는 무시한 채 공부하라고만 한다. 아이들이 가야 할 길은 한 길만 있는 것이 아니다. 그들의 끼를 알고 키워줄 줄 알아야 한다. 그들이 혼을 다해 할 수 있는 일이 무엇일까를 챙겨봐야 한다.

세상은 다양하다. 공부가 전부가 아니라는 것이다. 그런데도 우리 부모들은 하나같이 공부, 공부만 부르짖고 있는 것이다.

공부를 해야 되는 아이들이 있다. 공부 외의 그 어디에도 흥미와 적성이 없는 이들이다.

"특별히 잘하는 부분이 있어?"
"모르겠어요."

음악에도, 그림에도, 운동에도, 그 어디에도 특별한 소질이나 관심이 없는 아이들 그런 아이들에게는 공부밖에 없다고 한다. 가끔 공부가 싫어서 운동이나 그림으로 가는 아이가 있다. 언젠가 한 녀석이 자기 여동생 때문에 상담을 한 적이 있었다.

"쌤, 제 여동생 좀 챙겨봐주세요."
"몇 학년인데?"
"중3이요. 공부를 전혀 안 해요. 엄마도 신경을 안 써요."

기특했다. 고2였다. 동생을 챙기는 오빠의 마음이 갸륵했다. 어느 날 전화를 했다.

"네가 ○○냐?"
"그런데요. 누구세요?"
"음 오빠가 다니는 학원 원장 쌤이야."

나하고 얘기 좀 할 수 있냐고 했더니 좋다고 했다. 한번 학원으로 오라고 했다. 그러겠다고 약속을 했다. 어느 날 녀석이 왔다.
공부에 흥미가 없다고 했다. 왜냐고 물으니 기초가 없으니 책을 봐도 아무 재미가 없다는 것이다.

"나와 3개월만 해보자."

그때 가서 다시 상담을 하자고 했다. 그렇게 3개월이 흘렀다. 녀석은 학원에서 열심히 했다. 하려고 하는 의지가 있었다. 그러나 상담을 해보니 공부가 싫다는 것이었다.

"그럼 뭘 하고 싶어?"
"미술이요."

그래서 미술학원을 소개했다. 소문을 들어서 알고 있단다. 그렇게 녀석은 학원을 떠났다. 그리고 녀석이 다시 학원에 온 건 고2 여름방학이었다.

"쌤, 저 아시겠어요?"
"어, 어쩐 일이야. 그림은 잘되고 있어?"
"쌤, 지금부터 공부해도 안 늦어요?"

녀석은 미술을 하러 갔더니 거기는 공부보다 더 힘들다는 것이었다. 여기는 공부만 하면 되지만 저기는 미술뿐만 아니라 공부도 해야 하니 너무 힘들다는 것이었다. 그래서 그럴까?

녀석은 학원에 다시 오고 나서 여름방학의 프로그램에서도 힘든 기색 하나 없이 엄청난 집중력을 보였다. 겨울방학이 지나고 3학년이 되어 실력이 살아났다. 내신과 모의고사에서 상위에 올랐다. 열정이 이토록 어마어마한 힘을 가지고 있음을 다시금 느꼈다. 결국 녀석은 성균관대를 갔다.

공부뿐만 아니라 음악, 미술, 운동, 그 어느 곳에도 열심을 쏟지 않고는 성공할 수 있는 곳은 없다. 결국은 자신의 열과 혼을 다해야 한다, 그것이 성공으로 가는 길인 것이다.

저는 계모입니다

어머니가 남자아이를 데리고 왔다. 아이가 테스트를 하러 나가고 어머니와 상담을 했다. 어머니는 자신은 남들이 말하는 계모라고 했다. 새 가정을 꾸린 지 얼마 되지 않았다고 했다. 아이의 상태를 보고 너무 가슴이 아프다고 했다. 아버지가 아이를 거의 방치한 것이었다. 아이는 아직 자신에게 반항심만 가지고 있단다. 또래와 싸움도 잦다고 했다. 연신 아이를 잘 부탁한다고 했다. 아마 내가 받아주지 않을 거라는 생각을 가지고 계신 듯했다. 그날 나는 그 어머니에게서 큰 감동을 받았다. 아이를 맡기로 했다.

당시 그 아이는 중학교 2학년이었지만 기초가 전혀 없는 초등학교

3~4학년 정도의 학습능력을 갖고 있었다. 일단 맡기는 했지만 난감했다. 고민을 많이 했다. 지속적인 상담을 하다가 합기도 관장을 하는 후배가 떠올랐다. 그에게 자초지종을 말하고 보냈다.

"신 관장, 공부는 전혀 기초가 되지 않지만 키도 크고 운동을 잘할 것 같은 녀석인데 상담 한 번 해주라."
"예, 형님. 누구 분부라고 거절하겠습니까? 보내시면 확실히 인간 만들어 보겠습니다."

어머니에게도 그렇게 해보기를 권했다. 간간이 도장에서 본 녀석은 열심히 하고 있었다. 중3이 된 어느 날 녀석이 시 대회에서 우승을 했다는 전화가 관장에게서 왔다. 1년 동안에 괄목상대할 실력의 향상이 있었다. 소질이 없다면 불가능한 일이다. 그리고 그 아이가 다녀갔다. 껄렁껄렁하며 사람의 눈을 잘 못 맞추던 아이가 눈빛도 또렷하고 아주 듬직해져 있었다. 무엇보다 자신감도 있고 신나 보였다.
어느 날 심사위원으로 도장에 갔더니 녀석이 보고 달려와 인사를 했다. 작은 아이들을 인솔하고 있었다. 그때 녀석은 이미 고등학생이 되어 있었다.
세월은 흘러 녀석이 대학생이 되었다. 어엿한 체대생이 된 것이다.

검도장에서 있었던 일이다. 조그만 초등학생 남자애가 있었다. 까불

까불거리고 산만하기가 이를 데가 없었다. 관장이 나더러 걔를 한번 받아주라고 했다. 검도장에서 받아주라는 것은 파트너가 되어서 녀석의 공격을 받아주는 것이다. 내가 앞서 타격 부위를 외치면 그 부분을 타격을 하는 훈련의 하나다.

"손목."

"손목~~~~~"

"머리."

"머리~~~~~"

"손목. 머리."

"손목. 머리~~~~~"

"손목. 머리. 허리."

"손목. 머리. 허리~~~~~"

"머리. 뒷머리."

"머리. 뒷머리~~~~~"

"허리."

"허리이~~~~~"

까불거리던 놈이 검을 잡자 돌변했다. 관장이 나더러 한번 잡아달라는 이유가 그것이었다. 녀석은 결국 검도학과로 진학을 했다. 이처럼 아이들은 저마다 소질이 다르다. 공부만 길이 아니다. 아이들이 갈 길은 많다. 그들의 목소리를 무시해서는 안 된다. 그들이 하고자 하는 그들이 하고 싶어 하는 것이 무엇인지 귀담아듣고 밀어줄 수 있어야 한다. 그래서 나는 초등학교 저학년 때는 가능한 한 음악, 미술, 축구교실 등 운동과 예술 분야의 학원을 보낼 것을 권한다. 아이들의 소질은 이미 그 시절에 나타나는 것이다.

이런 아이도 있었다. 형은 나와 공부를 하고 있었지만 동생은 전혀 공부에 뜻이 없는 녀석이라고 했다. 어느 날 어머니가 내게 녀석을 데리고 왔다. 공부할 생각은 전혀 없고 춤을 추겠다고 해 속이 터져 돌아가시겠다는 거였다. 아이와 상담을 했다.

"춤을 좋아한다고?"
"네."
"어떤 춤이야?"
"비보이가 되고 싶습니다."

공부가 싫어서 춤을 추겠다는 것인가를 물어 봤지만 녀석은 춤에 대해서 확고한 뜻을 가지고 있는 것이 느껴졌다. 그 어머니에게 공부보다는 아이가 하고 싶은 걸 밀어줘보라고 권했다.
다행히 그동안 없었던 비보이 학원이 부산에 생겼다. 녀석에게 운이 따랐던 걸까?

이 어머니는 큰 아이 회비를 낼 때가 되면 꼭꼭 학원에 직접 가지고 오셨는데 그 이후로 항상 기쁜 얼굴이었다. 아이와의 스트레스가 사라졌다는 것이다. 아이와 관계가 좋아지니 화낼 필요도 없고 아이의 춤 경연도 보러 가고 너무 신나게 지낸다는 것이다. 집안이 화목해졌다고 한다.

○○이 얘기를 해보자. 누나는 공부도 잘하고 착하고 예뻤다. 누나는 모든 일에 적극적인데 반해 동생은 도통 의욕도 없고 공부에도 관심이 없었다.

부모님 또한 걱정이 많았다. 이 부모님은 나에 대한 신뢰가 컸다. 당시 아버지가 암투병중이었는데 어머니는 씩씩했다.

"원장님이 아이 미래를 한 번 열어봐주시면 고맙겠습니다."

아이를 불러 물었다.

"○○아, 특별히 관심이 가는 데가 있어?"
"요리요."
"요리?"

그랬다. 녀석에게도 하고 싶은 분야가 있었다. 녀석은 곧바로 요리학원을 다녔고 결국 전문대학 조리학과로 대학을 갔다.

어느 날 선생님들과 회식을 갔다. 일식집이었다.

"주방장님이 특별히 주시는 요리입니다."

서빙하는 이모님이 자꾸만 주방장의 특별요리라며 가져다주었다. 선생님들이 이 집이 최고라고 했지만 뭔가 이상했다.

"주방장님 좀 뵐 수 있을까요?"
"조금 있음 오실 겁니다."

한참 얘기를 하고 있는데 문이 열렸다.

"선생님."

멋진 요리사복을 입고 웃음 띤 얼굴로 내게 인사를 하는 녀석은 ○○이었다.

"너 호텔에 있다는 얘길 들었는데 여긴 언제 왔어?"
"아직 한 달도 안 되었습니다. 미리 말씀을 못 드려 죄송합니다."

녀석은 우리 일행이 들어올 때 나를 봤단다. 대학에 있을 때 녀석이 그랬다.

"샘, 저 최고의 요리사가 될 겁니다."

공부하러 찾아온 아이를 미술학원으로 합기도장, 비보이, 요리학원으로 보낸 것에 대해 나는 참 잘한 일이라 생각한다. 그들에게는 각자의 길이 있다. 모두가 한 길로 갈 수는 없는 것 아닌가? 부모가 먼저 깨어야 한다. 아이를 바로 보고 아이의 미래를 열어줄 수 있는 부모와 선생이 되어야 한다.

수학을 왜 해야 합니까?

○○는 밴드부에 있다가 온 고2 문과생이었다. 리드 기타를 담당했다고 한다. 공부는 아예 뒷전이었고 오직 기타로 성공하겠다는 생각을 하고 있었단다. 그런 그가 밴드를 포기하고 공부를 하겠다고 온 것이다.

"왜 밴드를 포기한 거야?"

녀석은 밴드경연대회에 나가 부산지역 예선에서 4위를 해 탈락했다고 했다. 그것이 그만둔 이유랬다.

"4위를 한 거예요. 암담함을 느꼈어요. 부산지역에서도 4위밖에 안되는데 전국에 있는 쟁쟁한 밴드들을 어찌 이길 수 있을까 하는 생각이 들었어요. 그때부터 회의가 느껴졌어요."

녀석은 최근 성균관대를 간 △△이의 소개로 왔다고 했다. 어머니들끼리 친하셔서 소개를 받았단다. △△이는 중학교 때 전교 1등을 하다가 수학점수가 점점 떨어져 급기야 고2 3월 모의고사에서 39점까지 떨어져 내게 왔었다. 그러다 그해 11월 모의고사에서 만점을 받아 전교 1등에 올랐던 녀석이었다. 그리고 성균관대에 진학했다. 녀석이 오고서야 안 사실은 그 녀석이 한의학과를 위해 재수를 한다는 것이었다.

"샘, △△이 누나 재수하는 거 아세요?"
"어? 몰랐는데. 그때 그러지 않아도 한의학과 때문에 전과하려는 걸 못하게 했거든. 결국 재수를 하는구나."

녀석은 그 누나 때문에 자신도 공부하면 된다는 마음을 먹었다고 했다.

"야, 그런 안일한 생각으로 공부해서는 안 돼. 누나가 해냈다고 너도 될 것이라는 착각은 버려. 결국은 공부는 그 누나가 아니라 네가 하는 거잖아."

"예, 저도 그 누나만큼 열심히 할 수 있다고요. 해낼 겁니다. 반드시 해낼 겁니다."

녀석은 자기 말을 증명이라도 할 듯이 열심히 했다. 기초가 부족했다. 처음부터 시작했다. 잘 따라왔다. 가끔씩 스트레스를 받는지 푸념을 했다.

"도대체 문과에서 수학은 왜 해야 하는 건지 모르겠어요."

그러면서도 공부는 열심히 했다. 하나를 가르치면 둘을 깨쳤다. 문제를 풀라고 하고 시간을 재면 꼭 이렇게 말했다.

"아 쌤, 재촉 좀 하지 마세요. 문제가 안 풀리잖아요. 이건 분명히 풀 수 있어요."

녀석은 시간이 되었으니 그만 풀라고 해도 '잠깐만요'를 몇 번이고 외쳐댔다. 그러다 결국은 그 문제의 답을 찾아내었다. 문제는 시간이었다. 그 놈은 내가 가르치는 접근법을 쉽게 이해했다. 기하를 이용해서 접근하는 방법과 함수를 이용해서 접근하는 방법을 좋아했다. 나중에 녀석이 수학과를 간 데는 수학에 대한 그런 녀석의 자세가 수학에 매료를 느끼게 한 것이기 때문일 것이다. 녀석은 문과 출신으로 핸디캡을 받으면서도 수학과에 합격을 했다.

"샘, 그거 아세요?"

"뭐 말이야?

"△△이 누나 전화 안 왔어요?"

"나한텐 전화 안 왔었는데. 무슨 일인데?"

"아, 누나가 전화 왔었는데요. 선생님이 접근하는 그 비법 있잖아요? 그걸 이용해 문제를 풀고 있으니까 학원 샘이 그거 그렇게 풀면 안 된다고 하더래요. 그 인강으로 유명한 샘 있잖아요? 누나가 이렇게 풀면 쉽게 풀린다고 했더니 막 야단을 치더래요."

"근데?"

"근데 그게 며칠 있다가 자습시간에 인강을 들으니까 샘이 푸는 대로 풀고 있더래요. 그래서 샘한테 따졌더니 그 샘이 그러더래요. '어, 그거 그렇게 접근하니 아주 쉽더라. 하더랍니다."

"그래?"

그 녀석은 그 선생한테 뭐 로열티를 받아야 한다느니 고소를 해야 한다느니 그랬다.

"쌤이 인강 하면 최고일 건데. 나도 인강 많이 들어보는데 샘만큼 잘 가르치는 사람 본 적이 없어요. 진짜예요."

녀석의 말을 들으니 언젠가 있었던 일이 생각이 났다.

예전에 20년도 훨씬 전인 내가 처음 학원을 오픈하고 1년쯤 지났을 때다. 누군가가 학원으로 찾아왔었다. 대여섯 명의 일행을 대동한 양복을 말끔히 입은 신사들이었다. 누구의 소개로 왔는데 강의를 좀 촬영할 수 있겠느냐는 것이다. 그러라고 하고 아이들의 양해를 구해 강의를 촬영해 갔다. 그들이 인터넷에 내 강의를 업로드 해놓은 걸 보고 몇몇 졸업한 아이들이 댓글을 달기도 했었다.

"와, 역시 원장샘."
"샘, 멋져요."

며칠 뒤 그 사람들의 제안이 들어왔다. 강의를 녹화해서 테이프로 제작해 판매하겠다는 것이다. 그때는 지금처럼 인강이나 교육방송이 없던 시절이었다. 비디오테이프로 제작해서 보급하겠다는 것이었다. 그때 나는 그 제안을 거절했다. 지금 생각하면 내게 온 복을 걷어찬 것이 아닐까 싶기도 한 일이었다. 그때 내가 그들에게 거절한 이유는 이랬다.

"강의란 모름지기 가르치는 사람과 배우는 사람이 눈을 마주치며 호흡하면서 하는 것이다."

그 뒤 세상이 바뀌어 교육방송이란 것이 생기고 인터넷 강의가 유행을 하던 시대가 도래한 것이다. 세상을 읽는 눈이 없었던 것이다.

녀석은 고3이 되어서는 수학에 자신감을 얻었다.

"아, 이럴 줄 알았으면 내가 이과로 갔을 텐데."

밴드로 성공하겠다고 기타만 치던 녀석이 공부로 돌아서고 수학에 깡통이었던 녀석이 수학에 매료되어 수학과로 대학을 가고 지금 학원에서 아이들에게 수학을 가르치고 있다.

누구나 할 수 있다. 다만 시작을 하지 않을 뿐이다.

2학년부터 열심히 할게요

　중3 때 동생과 함께 학원을 왔던 그 녀석은 고등학교 1학년이 되었어도 공부보다는 축구에 열정이었다. 그때 동네 학원들끼리 축구 시합을 자주 가졌다.

　내 개인적인 생각으로 아이들에게 승부근성을 키워주기에 축구만큼 좋은 게 없다고 생각하던 시절이다. 학원 내에서도 반대항전 학년대항전 등 꽤 많은 시합을 했다. 녀석은 학원대항전에서 우리 팀의 주전이었다.

　거의 대부분 우리가 우승을 했다. 그게 뭐라고 나중에는 다른 학원에서는 선출들을 용병으로 쓰다가 적발이 되기도 했다. 원생인 것처럼 해서 출전을 시킨 것이다. 그때 녀석에게 말했다.

"○○아, 축구도 좋지만 이제 공부도 해야지?"

"쌤 1학년까지만 놀고 2학년부터 공부할 겁니다."

녀석의 아버지가 기억이 난다. 녀석의 아버지와 어머니는 항상 회비를 두 분이 직접 학원에 와서 주고 가셨다. 오면 늘 아이들 잘 부탁한다고 당부를 했다. 손이 아주 투박했다.

"원장님, 저는 막일을 합니다. 그렇지만 우리 아이들은 꼭 잘 키우고 싶습니다."

그런 날이면 녀석에게 꼭 아버지 말씀을 했다.

"낮에 아버지 왔다 가셨다. 아버지 생각을 해서 이젠 열심히 해야지."

"네, 알고 있어요. 겨울방학부터는 진짜 열심히 할 겁니다. 믿어 주세요."

그때 학원에서는 방학이면 캠프라 해서 아침부터 밤늦도록 공부를 했다. 자습실에서 공부하다가 수업시간이 되면 교실에 가서 수업을 듣고 또 자습실에서 공부하는 시스템이었다.

그런데 녀석은 자습실 대신에 학원 근처에 있는 교회의 도서실에서 하겠다고 했다.

"쌤, 저는 교회에서 공부가 더 잘 됩니다. 농땡이 안 부릴 겁니다. 진짭니다. 믿어보십시오."

"그래 좋아. 믿을게."

어느 날 내가 불시에 그 교회를 가 보았다. 그 교회는 작은 개척교회였는데 신자가 열 명도 안 되는 곳이었다.

그 곳에 아이들을 위해 작은 도서실을 마련해놓고 24시간 개방하고 있었다. 내가 그 녀석 뒤에 서 있어도 공부에 몰두하고 있었다. 대단한 집중력이었다.

2학년이 되어서 꾸준히 성적이 향상이 되고 녀석은 일체 한눈을 팔지 않았다. 고3이 되어서는 전교 1등도 찍었다. 녀석은 결국 부산대 법대로 진학을 했다.

또 다른 녀석이 있었다. 어느 날 집으로 가는 아파트 길목이었다. 앞에서 웬 시커먼 남자가 걸어오고 있었는데 영락없는 조폭이었다. 그런데 내 앞에서 갑자기 고개를 숙이는 게 아닌가?

"선생님, 저 ○○입니다."

자세히 보니 그 녀석이었다. 그 괴짜 녀석 말이다.

"선생님 댁이 여기세요?"
"어 그래, 너는 어쩐 일이야?"
"아예, 여기 과외 학생이 있어서요."

녀석은 어느새 듬직한 대학생이 되어있었다. 그 녀석이 중2이었을 때다.

"쌤, 어제 밤에 어떤 아저씨를 날라차기 하셨죠?"

학원에 오자마자 녀석과 녀석의 친구들이 나를 빙 둘러서서 한참을 떠들었다.

"네가 그걸 어떻게 알아?"

녀석의 말은 어제 나한테 얻어맞은 남자 옆에 있던 사람이 자기 아버지였단다. 사건은 이랬다. 밤늦은 시간에 학원 문을 닫고 귀가를 서두르고 있었다. 내가 셔터 자물쇠를 잠그는 틈에 아내가 먼저 저만치 앞서 걷고 있었다. 그 앞에 웬 사람들이 있었다. 갑자기 아내가 이쪽저쪽으로 피하면서 비명을 질렀다. 아차, 싶어 달려가 아내를 막고 있는 남자를 차버렸다. 재차 공격을 하려니 다른 남자가 급히 말렸다.

"죄송합니다. 이 친구가 술이 취해서…….죄송합니다. 진정하시죠."

"술을 마셔도 곱게 마셔야지 이게 뭐하는 겁니까?"

그 남자는 넘어져 있는 사람을 일으켜 연신 머리를 조아리며 끌고 갔다. 그 사람이 녀석의 아버지였고 한 대 얻어터진 사람이 아버지의 동료라고 했다.

나중에 아버지로부터 사과전화가 왔다. 나는 학부모들을 잘 몰라도 학부모들은 나를 알아보는 이가 많다. 그래서 늘 조심스럽다.

녀석이 중3일 때다.

"근데 너는 머리도 좋은데 중학교 졸업하기 전에 정상은 한 번 밟아봐야 안 되겠어?"

"쌤, 제가 1등 한번 해드릴까요?"

"그래, 졸업 전에 1등 한번 해봐."

그 녀석이 정말 그 다음 시험에 전교 1등을 한 것이다. 그러고는 대뜸 이랬다.

"이제 됐죠. 쌤."

그리고 또 신나게 놀았다. 그리고 녀석은 경희대 법대를 갔다. 녀석이 공부에만 전념을 했다면 어땠을까?

때론 부모가 아이를 망친다

샘, 엄마 올라옵니다

○○이를 처음 맡았을 때가 고2 여름방학이었다. 집이 건물의 꼭대기 층인 5층에 있었다. 나머지는 모두 산부인과 병원이었다. 1층에는 어머니의 진료실이 있었다. 아이는 어머니에 대한 불만이 많았다. 마찬가지로 어머니도 아이에 대한 불만이 많았다. 흔히 말하듯 막상막하였던 것이다.

아이는 등하교도 승용차로 했다. 그건 아이에 대한 배려가 아니라 감시요 통제였다. 옆으로 새지 못하게 철저하게 통제 당하고 있었다. 아이는 늘 그것으로 부터의 탈피를 꿈꿨다. 그 원인은 '닭이 먼저냐 달걀이 먼저냐.'와 같은 딜레마였다.

하루는 녀석의 얘기를 들어주고 있었다. 갑자기 녀석이 얘기를 하다 말고 고개를 돌려 문제 푸는 시늉을 했다.

"샘, 엄마 올라와요."

정말로 잠시 뒤 엄마가 과일을 직접 들고 올라오셨다. 몇 마디 말을 나누고 돌아가셨다. 내가 물었다.

"엄마 오는 건 어떻게 알았어?"

녀석은 5층에서도 엄마가 진료실 문을 여는 소리가 들린다고 했다. 심지어 낮잠을 잘 때도 들린다고 했다. 심각한 일이었다. 이 정도면 정신과 치료가 필요하지 않을까 하는 생각을 했다.

녀석에게는 미안한 일이지만 어머니와 이 문제에 대해 상담을 했다. 아이가 갖는 강박관념이 너무 크다. 아이를 너무 다그치는 것은 아닌가? 아이에 대한 통제가 지나친 것 같다는 등의 의견을 냈다. 어머니의 녀석에 대한 통제는 요지부동이었다.

한 번은 이런 일이 있었다. 수업시간이 되어도 녀석이 오지 않았다. 어머니가 올라와 아이가 사라졌다고 그만 가시라고 했다. 나는 기다리겠다고 했다. 녀석은 늘 학교 앞에서 병원 일을 보는 이모부의 차로 픽업이 되어 왔다. 그런 녀석이 차를 타지 않고 사라진 것이다. 새벽 1시가 되어서야 녀석이 왔다. 어머니께 양해를 구하고 내가 녀석과 이야기를 시도했다.

"어떻게 된 거야?"

녀석은 사는 게 너무 답답해 바다를 보고 왔다고 했다. 학교 담을 넘어 이모부를 따돌렸다고 한다. 눈물을 뚝뚝 흘리고 있었다. 녀석이 어떤 심정인지 이해가 되었다. 무엇이 이 둘을 이렇게 틀어놓았을까? 어머니의 말을 들으면 아들이 이 모든 걸 가져왔지만 아들의 얘기는 모든 게 엄마 탓이라고 했다. 그날은 어머니에게 아이를 탓하지 말고 그냥 재우는 게 좋겠다고 했다. 어머니도 수긍을 했다. 다음 날 어머니의 진료시간 마감에 맞춰 어머니를 찾았다.

"외람된 말이지만 어머니, ○○이와 함께 정신과 선생님에게 상담을 한 번 받아보십시오."

처음 어머니는 내 제의에 화가 난 듯 보였다. 나는 계속 설득을 했다. 이대로라면 녀석에게 무슨 일이 일어날지 모른다. 내가 보기엔 그만큼 녀석의 스트레스가 크다. 어머니 또한 그런 것 아니냐. 단지 상담일 뿐이다. 상담만 한 번 받아보시라고 끈질기게 얘기를 했다. 마침내 어머니가 그렇게 하겠다고 했다.

수업시간이 되어 녀석에게 갔다. 내가 들어서자 녀석이 싱글벙글 웃으며 날 반겼다.

"상담하고 왔어?"
"쌤, 그 샘이 뭐라고 했는지 아세요?"

녀석의 들뜬 기분 상태로 보아 대충 짐작은 갔다.

"그 샘이 엄마에게 문제가 많다고 엄마를 혼냈어요. 나는 별 문제가 없대요."

어머니가 충격을 많이 받았겠다는 생각을 했다. 이튿날 엄마의 진료실에서 잠깐 얘기를 나눴다. 아이에게 숨을 쉴 수 있도록 해야 한다, 아이를 믿고 지켜봐줘야 한다는 얘기를 했다. 그러겠노라 했다. 아이에게도 다짐을 받았다.

"이제 3학년이다. 시간이 없어. 엄마의 신뢰를 잃은 건 결국은 너의 행동 때문이었을 것이다. 그 잃어버린 신뢰를 찾는 것은 결국 너한테 달렸다. 달라져야 한다. 알겠어?"

녀석도 충분히 수긍을 했다. 녀석은 그때부터 매우 즐겁게 공부를 했다. 이탈도 없었다. 녀석은 부산대를 놓치고 결국 동아대를 갔다. 비록 학교는 만족할 수가 없었지만 한 아이가 부모와의 갈등을 극복하고 자신의 길을 찾은 데 대한 뿌듯함이 있었던 일이다.

전자기타를 사주세요

전화가 왔다. 예전 공부를 했던 ○○이 어머니 전화였다. 벌써 2년의
세월이 흘러 있었다.

녀석은 당시 부산대학교에 갔다. 남동생이 있었는데 그 녀석이 좀 말
썽이었다. 고2였다.

"○○이가 꼭 선생님한테 맡기라고 해서 전화를 했습니다."

녀석을 맡았던 선생님들이 아이를 통제하지 못했다고 했다. 외동이라
너무 오냐오냐하고 키운 게 잘못인 것 같다고 했다. 물론 그것이 문제일

수도 있다. 그러나 아이는 통제한다고 다 되는 것이 아니다. 어디로 튈지 모르는 질풍노도의 시기에 놓인 아이가 아닌가?

"샘 알겠어?"
"뭐 대충요."
"나도 그래."

녀석과의 첫 대면은 순조롭게 된 것 같았다. 그런데 첫 수업하는 날부터 야단이 났다. 시간이 지났는데도 아이가 오지 않은 것이다. 수업시간이 두 시간이었다. 그래서 기다리기로 했다. 골목 밖에서 오토바이 소리가 났다.

녀석이었다. 야단을 치지 않았다. 뒷 타임의 아이에게 다른 날 보충을 하자고 양해를 구했다.

"어찌된 일인지 말해봐라. 오늘 수업 있는 걸 까먹었어?"
"아니오."
"그럼 알면서 수업시간에 안 왔다는 거야? 왜 나랑 공부하는 게 싫은 거냐?"
"그건 아닙니다."
"그럼?"
"그냥 답답해서 한 바퀴 돌고 왔습니다."

오토바이를 타면 가슴이 뚫린다고 했다.

"어머니 말씀은 오토바이를 사주면 공부하겠다고 해서 사줬다고 하던데?"
"예."
"그러면 약속을 안 지키고 있는 거네."
"……."
"샘은 오토바이를 탄다고 널 야단칠 마음은 없다. 문제는 약속을 지키지 않는 네 마음이야."

실상 그랬다. 나는 아이들이 오토바이를 타는 것에 개의치 않는다. 나는 자전거를 타고 학교에 오면 칭찬을 하고, 오토바이를 타고 학교에 오면 엎드려뻗쳐를 시키는 선생님들을 이해할 수 없다. 다 같은 교통수단일 뿐이다. 시대가 변했다. 오토바이는 동력을 이용하는 자전거일 뿐이다. 사람이 페달을 밟아 굴러가는 것은 되고 엔진으로 굴러가는 것은 안 되는 이유가 뭘까? 사고가 나기 때문에? 안전은 차후의 문제다. 결국은 오토바이를 타고 다니는 애들 중에 문제아가 많다는 인식 때문이다. 모두를 같은 잣대에 놓고 판단하는 것이다. 미국에는 헬리콥터를 타고 등하교를 하는 아이가 있고, 비행기를 몰고 학교를 다니는 아이가 있다고 한다. 거긴 땅덩어리가 넓어서 그럴 수밖에 없다고 생각하는가? 결국은 우리의 생각의 차이가 아닐까 싶다.

그래서 나는 녀석의 오토바이를 타는 자체에 대해서는 아무런 탓을 하지 않았다. 다만 안전하게 탈 것을 주문했다.

"학교에 오토바이를 타고 들어가지는 못할 거 아니야?"
"예."
"그럼 어떻게 하는데?"
"학교 근처에 세워두고 걸어가죠."
"어 그래, 내가 바보 같은 질문을 했네."

둘이서 와 하고 웃었다. 그날 이야기는 당분간의 녀석과 유대를 맺는데 효과가 있었다. 그러나 공부는 그렇게 쉽게 따라오지 못했다. 워낙 기초가 없었기도 했지만 도무지 흥미를 느끼지 못했다. 나와 수업을 해서 이놈처럼 흥미유발이 안 되는 녀석도 드물었다. 고민이 깊어졌다. 그렇다고 공부 외적인 것에 자질이 있는 것도 딱히 없었다. 그러다 또 한 번의 사달이 났다. 또 수업시간에 오지 않은 것이다. 결국 근 40여 분을 지각을 했다. 녀석의 변명은 이랬다. 여자 친구를 데려다주고 오다가 기름이 떨어져 주유소까지 끌고 가느라 늦었다는 것이다. 나는 화가 머리 꼭대기까지 올랐다.

"그럼 어디다 세워두고 버스를 탔으면 될 거 아니야?"
"그럼 내일 학교 갈 때……."

"뭐야, 자식아."

고함소리에 녀석이 움찔했다.

"문제는 오늘 선생님과의 약속이 먼저 아니야? 학교는 꼭 오토바이를 타고 가야만 하는 거야? 버스 타고 가면 안 돼?"
"죄송합니다. 미처 생각을 못했습니다."

그 일이 있고나서는 한동안 공부를 하는 듯했다. 그러나 여전히 열정은 없었다. 답답했다. 답을 낼 수가 없었다. 어느 날 어머니에게서 전화가 왔다.

"○○가 전자기타를 사달라고 합니다."
"전자기타를요?"

알겠다고 하고 전화를 끊었다. 아직은 사주지 마라. 다음에 내가 가서 얘기를 해보겠다고 했다. 그 다음 시간에 녀석과 대화를 했다.

"전자기타를 사달라고?"
"네."
"너 통기타는 칠 줄 알아?"

"아니요."

"그런데 뭔 전자기타야?"

"통기타 못 쳐도 전자기타 칠 수 있는데요?"

"그걸 꼭 지금 배워야 하겠어? 그건 대학 가서도 할 수 있는 일이잖아?"

"친구들이 같이 하자고 해서요."

"그럼 나랑 거래를 하나 하자. 전자기타를 배우게 하면 오토바이를 포기해라."

녀석이 오케이를 했다. 일주에 두 번 기타를 배우러 갔다. 오토바이도 처분을 했다고 했다. 그렇게 한 번의 빅딜을 했다. 어느새 학년은 고3이 되었다. 녀석의 기분이 많이 나아져 보였다. 수업도 곧잘 따라왔다. 부모님은 제발 대학에만 가면 좋겠다고 했다. 그러다 녀석이 또 한 번의 펑크를 냈다. 그날 어머니에게 더 이상 녀석을 맡을 수가 없을 것 같다고 하고 그냥 나왔다.

마지막 수업을 마치고 아파트에 도착을 하면 거의 새벽 1시가 된다. 아파트 입구에서 우리 동 입구로 돌아들어 오는데 앞에 뭔가가 웅크리고 있었다. 하마터면 칠 뻔했다. 내려서 보니 녀석이 무릎을 꿇고 앉아 있었다. 차를 세워두고 녀석에게 갔다.

"집에 가라. 그러고 있어봐야 내 마음은 안 변해. 끝났어. 꺼져 인마."

"샘, 죄송합니다. 이번 한번만 용서해주이소."

"시끄러, 꺼져. 밤새도록 있어봐라. 자식아."

그리고 올라왔다. 봄이었지만 여전히 밤에는 날이 추웠다. 집에 와서 내려다보니 여전히 그 자리에 꿇어 앉아 있었다. 아내가 용서를 해주라고 안달이었다.

"저러다 밤을 샐 거 같은데……."

"냅둬."

말은 그렇게 했지만 시간이 갈수록 안쓰러웠다. 시간은 이미 2시가 넘어 있었다. 내려갔다.

"일어나라. 일단 집으로 가라. 샘이 생각을 해보겠다."

"아닙니다. 오늘 지금 말씀해주십시오. 죄송합니다. 다신 안 그러겠습니다."

"내가 그 말을 어떻게 믿어?"

"샘이 시키는 대로 다 하겠습니다."

"그래? 그럼 기타부터 처분을 해라. 그럴 수 있어?"

"예, 알겠습니다."

"그럼 가봐."

아내가 따라 내려와 택시비를 주려했다.

"놔둬. 걸어가라고 해."

녀석이 인사를 하고 돌아섰다. 녀석의 모습이 사라질 때까지 지켜보고 있었다. 발이 저려서인지 비틀거리며 사라졌다. 걸어서 가면 1시간은 걸 릴 거리였다.

어머니에게 전화를 했다. 방금 출발을 했다고 알렸다. 마중 갈 생각을 말고 그냥 두라고 했다. 아침에 전화를 했다. 벌써 학교를 갔단다.

녀석은 그때부터 정신을 차렸다.

이걸 다 풀게 하세요

학원의 부원장 선생님의 부탁으로 여자아이를 맡았다. 1학년이었다. 때는 여름방학이 끝나고 2학기가 시작될 무렵이었다.

여름방학 시작 전에 만났으면 하는 아쉬움이 컸다. 1학기 성적이 전교 2등이라고 했다. 1등과는 결국 수학에서 밀리고 있었다. 아이를 처음 만난 날이었다.

어머니와 아이와 함께 상담을 하는 도중 어머니가 나갔다 오더니 책을 네 권 가지고 들어왔다.

"선생님, 이걸 다 풀게 해주세요."

순간 내가 열이 팍 올랐다.

"이걸 왜 다 풀게 합니까? 아이 잡을 일이 있습니까?"
"아니 이 정도는 풀어야지요."
"어머니, 책을 선정하는 것도 제가 할 일이고 몇 권을 푸는 것도 제가 정합니다."
"아니 요즘 다 이거 풀잖아요?"

화가 나서 내가 일어났다.

"그럼, 어머니와 뜻이 맞는 사람 구해서 쓰십시오."
"네? 그런 게 어디 있어요?"

현관 앞에서 엄마와 다툼을 하는데 저쪽에서 문이 열리더니 누가 고함을 질렀다. 아이의 아버지인 듯했다.

"그렇게 잘하면 당신이 가르치지 선생이 왜 필요해. 애는 선생이 가르치지 당신이 가르쳐?"

어쭙잖게 남의 집 부부싸움을 시키게 생겼다. 그냥 나왔다. 뒤에서 머니가 부르는 소리가 들렸다. 이튿날 부원장이 불렀다.

"신 선생, 날 봐서 좀 맡아주게. 부탁 좀 하세."

"그런 부모 하고는 못합니다."

며칠 후 그 아버지로부터 전화가 왔다. 변호사라고 들었다.

"선생님, 죄송하지만 우리 애 좀 맡아주십시오. 아이 엄마도 샘이 하자
는 데로 하기로 했습니다."

기분이 내키지 않았다. 부원장이 또 부탁을 했다.

"아이가 참 좋은 녀석이야. 애를 보고 한번 참아주라. 부탁하네."

그 와중에 회비가 입금이 되었다. 뭐 이런 엄마가 다 있지? 정말 무례
하기 짝이 없었다. 이런 엄마랑은 정말 엮이기 싫다. 할 수 없이 아이와
첫 수업을 했다. 참하다고 해야 하나.

작은 키에 아담하게 예뻤다. 착했다. 저런 엄마 밑에서 아이가 겪을 스
트레스를 짐작할 수 있었다. 안쓰러웠다. 테스트를 두 번을 했다. 기하에
취약함이 보였다. 글로만 표현하기가 쉽지 않은 것이지만 이런 것이다.
수학에는 겨냥도라는 것이 있다.

예를 들어 정육면체를 그렸을 때 보이지 않는 숨은선을 점선으로 표현
하는 그림이다. 상상이 가는가?

녀석은 거기에서 두 꼭짓점을 이은 대각선으로 잘린 부분의 각도를 이해하지 못했다.

"이 각도가 90도잖아. 알겠어?"

"샘, 여기가 90도잖아요. 맞죠?"

"응. 맞아."

"그런데 이만큼이 더 있는데 이게 왜 90도에요?"

공간 지각능력의 부족이었다. 중3 과정의 삼각비 응용문제에서 다루었을 내용인데 전혀 이해가 안 되었다.

주변을 둘러보아 화장품 통을 가져왔다. 그걸 가져다 놓고 설명을 했다.

"여기 이 꼭짓점과 이 꼭짓점을 이으면 대각선이 생기겠지? 그 선을 따라 잘라보면 어떤 도형이 나오겠어?

"……."

결국은 종이를 잘라 직각삼각형을 하나 세웠다. 이해가 된단다. 이번에는 조금 어려운 문제를 예로 들었다. 하늘에 떠 있는 애드벌룬의 높이를 알아내는 문제였다. 이번에는 직각삼각형 두 개를 잘라 세워서 설명을 했다. 이해가 된단다.

"그럼 이 문제를 풀어 봐."

녀석은 문제를 쓱쓱 풀더니 답을 냈다.

"그래, 이젠 알겠어?"

학원 쉬는 시간에 어머니에게서 전화가 왔다.

"샘, 저렇게 해서 진도를 어떻게 빼요?"

'아, 또 시작이다' 싶었다. 알았다고 하고 전화를 끊었다. 부원장에게 가서 이 아이는 한 달만 하고 그만두겠다고 했다. 펄쩍 뛰었다. 나는 엄마하고 말하기 싫으니 부원장님이 알아서 말씀드리라 했다. 다음번 수업 때 아이에게 말을 했더니 눈물을 뚝뚝 흘렸다.

"걱정할 필요 없어. 샘이 너 전교 1등 되는 비결은 알려주고 그만둘 테니 걱정마라."

훌쩍이는 아이의 어깨를 두드려주었다.

"○○아, 내 말 잘 들어. 너는 이 부분만 해결하면 돼. 다른 부분은 신경 쓸 필요 없어.”

녀석이 고개를 끄덕였다. 그랬다. 기하만 해결한다면 모든 게 해결될
게 확실했다. 그런데 한 달이 채 끝나기도 전에 다음 달 회비가 또 입금
이 되었다. 화가 났다. 뭐 이런 엄마가 다 있어?

“계좌번호를 주세요. 보내드리겠습니다.”
“그러는 법이 어디 있어요? 회비를 드렸으니 해주셔야죠.”

알았다. 그 대신 이번 중간고사는 기대를 걸지 마라. 중간고사 대비를
특별히 하지 않을 거다. 어머니의 잔소리가 시작되었다. 전화를 끊겠다
고 하고 끊어버렸다.

계속 전화가 왔다. 아예 휴대폰을 꺼버렸다. 아이에게 이번이 마지막
이라고 알리고 이 한 달 동안에 트레이닝을 마쳐야 된다고 말을 했다. 녀
석은 울면서 말했다.

“선생님, 그냥 더 가르쳐주시면 안 돼요?”

아이를 다독이고 공부를 했다. 두 달의 공부를 마치고 아이와 아쉬운
이별을 했다.

아이의 울음에 나도 눈시울이 뜨거워졌다. 기말고사가 끝나고 아이에게 전화가 왔다.

"쌤……. 저 1등 했어요."

선생님 저 다시 가르쳐주시면 안 돼요

편지가 하나 왔다. ○○의 편지였다. 녀석은 작년에 워낙 공부를 안 해 퇴학을 시킨 녀석이었다. 결국 학교를 자퇴하고 기숙학원에서 검정고시를 준비하고 있는 중이라고 했다. 녀석은 기숙학원을 나오고 싶다고 했다. 편지는 지난날을 용서해달라, 다시금 학원에 가면 열심히 하겠다, 다시 가르쳐주시면 감사하겠다는 내용이 담겨 있었다.

녀석은 3명이 한 팀인 의예과 대비 팀이었다. 녀석 외의 두 명은 전교 상위의 애들이었으나 녀석은 그 아이들에 비해 조금 처졌다. 그래도 팀 분위기가 좋았다. 토론식 수업에서 녀석을 주로 앞에 발표자로 세웠다.

수학을 암기식으로 접근하는 게 금방 파악이 되었다. 과제를 미리 내어 주고 그것을 풀어본 뒤 설명하는 자리였다.

"방금 그 단계에서는 뭘 근거로 그렇게 접근하는 거야?"

녀석은 근거를 제시하지 못했다. 그냥 외워서 풀어가고 있는 것이다. 아마도 녀석들끼리 자습할 때 다른 아이들에게 물어보았을 것이다. 스스로 해결하려는 자세의 미비였다. 그를 시간이 없었다는 것은 공부 량의 부족했다는 것이다. 공부 양이 부족했다는 것은 어딘가 다른 곳에 시간을 허비했다는 것이다. 다른 아이들에게 녀석에 대해 물어보니 딴 애들과 어울려 PC방을 드나든다는 것이었다. 상담을 했다.

"○○야, PC방 다닌다는 얘기가 있던데 사실이야?"
"죄송합니다."
"지금 다른 아이들은 너보다 앞서 있잖아. 지금 걔들보다 뒤처져 있다는 건 인정하지?"
"네."
"그러면 더 분발해야 되지 않겠어?"
"네, 공부하겠습니다. 죄송합니다."

녀석은 상담 이후부터 확실히 달라졌다. 두 녀석에게 녀석을 좀 챙겨보라고 부탁을 했다. 철저한 개인주의라고나 할까? 학원에서는 상호 소통이 되는 듯했는데 학원 밖에서는 각각 노는 물이 달랐다. 각각의 친구들이 따로 있었다.

아이들과는 미래에 대한 예측에 대해서도 많은 얘기를 나누었다. 드론이 한참 이슈가 되던 시절이었다.

"어쩌면 곧 개인 헬기가 나올 가능성이 있어. 드론이 그걸 가능하게 할 거야. 현재, 드론으로 택배 배송을 실험하고 있잖아. 결국 드론이 택배를 수송할 수 있다면 인간도 수송할 수 있다는 거지. 사람이 타고 있는 캡슐을 배송하면 되니까 말이야. 문제는 무게인 것 같다. 캡슐 내에 조종기를 설치하면 끝이잖아."

녀석들은 반신반의했다. 그런데 그게 녀석들이 대학을 갈 때쯤 시험비행을 하는 뉴스가 나왔다.

"너희들이 지금 준비하는 것은 사람에 대한 의사다. 얼마 지나지 않아 과잉공급사태가 벌어질 수 있어. 이미 우려하는 시선이 많아. 지금은 가축병원이 많지. 앞으로 선생님은 식물병원이 생길 것이라 본다."

"식물병원이요?"

"그래, 지금은 원예사나 조경사가 담당을 하지만 곧 식물병원이 현실화 될 것이라 본다."

아이들은 믿기 어렵다는 표정이었다.

"집에 난 화분 하나쯤은 있지? 그 난이 비싼 건 얼마쯤 할까?"

백만 원. 오백만 원. 천만 원……. 아이들이 생각나는 숫자를 불러댔다.

"그래, 1억이 넘는 것들도 있다. 그게 병이 들어 죽어갈 때 사람들은 어떻게 할까? 그냥 죽게 내버려둘까? 치료하려 하겠지? 지금은 식물병원이란 이름을 쓰지 않지만 조금 지나면 충분히 생길 수 있는 일이야. 그쪽으로 눈을 돌리는 것도 좋아. 특히 ○○는 관심을 가져봐라. 서울대에 식물학과가 있어. 찾아봐. 선생님은 생각의 전환이 필요하다고 본다."

그 후 몇 년이 지난 최근 서울대에서 식물병원이라는 용어를 쓰기 시작한 기사를 접했다. 나 스스로도 놀라웠다.

우리에게 미래학자로 잘 알려진 앨빈 토플러(Alvin Toffler)가 2008년 한국에 왔을 때 한 강연에서 다음과 같은 말을 했다.

"한국 젊은이들은 미래 30년 내 사라질 분야와 직업을 위해 시간을 허비하고 있다."

일침을 놓은 것이다. 미래의 변화를 예측하지 못한다는 지적이었다. 4차 산업혁명시대가 도래했다. 많은 것에서 변화의 물결이 일고 있다는 걸 우리는 알고 있다. 그러나 여전히 그에 대한 속도는 늦다. 안일과 타성에 젖어 있는 것이다.

녀석에게 사고가 생겼다. 자전거를 타다가 넘어져 크게 다친 것이다. 결국에 녀석은 팀에서 제외되었다.
보름 후부터 공부를 시작했다. 그러나 여전히 타성에 젖은 형식적인 공부 태도였다. 열정이 없는 것이다. 급기야 노는 애들과 어울려 외박까지 한다는 소리가 들렸다.

"잘 들어. 선생님은 널 공짜로 가르치고 있는 게 아니야. 이 자리는 일종의 책임을 져야 하는 자리야. 무슨 말인지 알겠어? 네가 그런 식으로 하면 선생님이 너를 봐줄 수 없어. 우리 인연을 끝낼 수밖에 없는 거야. 벗어나야 한다. 그 아이들과의 관계를 끊어라. 결국 너의 의지에 달렸다. 알겠어?"

안타까운 일이었다. 부모님들의 안타까움이 전해졌다. 결국엔 녀석과 인연을 끊었다. 눈물을 흘리는 녀석은 자기도 어쩔 수 없다는 것이었다. 결국 부모님은 아이들과의 관계를 끊기 위해 자퇴를 시키고 기숙학원으로 보낸 것이었다.

녀석의 부모는 맞벌이 부부였다. 요즘은 맞벌이 부부가 많다. 아이의 관리는 그 첫째가 부모다. 학원과 학교의 선생은 그 다음이다. 특히 유아와 저학년의 아이들에게 부모의 케어는 아주 중요한 문제다. 아이들에게 어머니와 아버지는 매우 중요한 역할자다. 자칫하다간 가장 큰 자식 농사를 망칠 수 있다는 것을 유념해야 할 것이다.

불효자가 되어라

두 명의 여중생이 나란히 나타났다. 단짝이었다. 중2였다. 그런데 수학의 실력 차가 컸다. ○○이는 90점대인 반면에 △△는 60점대였다. 그당시 학원은 개원한 지가 두 달이 채 되지 않았다. 수술을 받은 지 2년째되는 해에 입시학원을 그만두었다. 그리고는 집 가까운 동네에 작은 규모의 학원을 개원했다.

그 당시는 폐를 하나 들어낸 상태라 공기가 좋은 변두리로 이사를 한상황이었다. 수술 전에는 여기저기에서 스카우트 전쟁이 벌어지더니 수술 후의 상황은 냉랭했다. 그나마 수술 이듬해는 조각에서 자리를 잡았지만 체력이 달리는 게 현저히 느껴졌다. 내가 느끼면 다른 사람은 더 느끼지 않을까 싶었다. 사람은 물러나야 될 때를 알아야 한다고 했던가? 그 다음해 조각에서 손을 뺐다.

3월에 임차 계약을 하고 공사를 해 4월에 오픈을 했다. 중간고사 시즌이라 그런지 한 달 동안 단 1명의 등록도 없었다. 전화기가 잘못 놓였는지 하고 수화기를 들어보기도 했다. 나중에 안 일이지만 다른 학원의 학원비가 우리 학원 한 과목보다 적었다. 우리는 12명의 소수정예 단과학원인 반면 다른 학원은 몇십 명이 들어가는 종합학원이었던 것이다. 시장조사도 없이 오픈을 한 것이었다. 애꿎은 책걸상 줄만 맞추고 있기를 한 달, 드디어 신입생이 왔다. 형제가 왔다. 고1과 중2였다.

"학기 중에 학원을 개원하다니 자신감이 대단하신가봅니다."

어머니의 말씀에 내가 한방 먹었다. 왜냐하면 아무런 생각도 없이 한 오픈이었기 때문이다. 나중에 들어보니 학원은 대게 방학 전에 오픈한다는 걸 알았다. 그런 면에서는 완전 깡통이었다.

"성적은 어때?"

형은 동래 N고 1학년이었고 동생은 N중 2학년이었다. 형은 수학만 등록하고 동생은 수학과 영어를 등록했다. 처음으로 선생님들에게 수업이 배정되었다. 그것도 1명씩 말이다. 그래도 그 순간을 잊을 수가 없다. 어찌 잊겠는가?

선생님들이 거의 1:1 과외를 한 셈이었다. 그러고 나서 두 번째로 온 아이들이 이 아이들이었다.

"친구야? 같은 학교?"

녀석들은 각각 다른 학교에 다니고 있었다. 하나는 H여중 하나는 D중이었다. 수학은 학교가 달라도 크게 상관이 없었지만 영어는 학교마다 교과서가 달랐다. 그렇게 되면 학교시험 대비가 힘들어진다. 녀석들이 들어간 반은 정원이 12명인 반이었지만 현재 인원이 3명이었다. 그때가 5월 초였다. 곧바로 기말고사 대비에 들어갔다.

시험 결과 녀석들 모두의 성적이 좋았다. 그 이후에 형제의 사촌인 중2가 들어왔고, 중2 여학생들의 친구가 몇 명 들어왔다. 신기하게도 중2만 들어왔다. 고등부는 여전히 1명이었다.

신의 장난일까? 아이들의 학교가 모두 달랐다. 동래 Y중과 해운대 B중과 S중이었다.

여름방학이 되었다. 소개와 알음알음으로 아이들이 제법 모였다. 초등부 6학년부터 중등부 전 학년이 펼쳐졌다. 고등부는 수학을 듣는 아이들만 몇 명 있었다. 학원 시스템이 국어, 영어, 수학만 선생님들이 있었고 과학과 사회는 인터넷 수업으로 했다. 그 당시는 컴퓨터를 다루는 선생님이 드물었다. 선생님들이 컴퓨터를 다룰 줄 모르니 몇 번을 일러줘도 나를 불렀다.

"원장님, 컴퓨터가 안 나와요."

컴퓨터와 프로젝트를 연결해 130인치 화면에 쏘아야 했다. 암막 커튼을 치고 불을 끄고 봐야 했다. 각자가 편한 자세로 보게 했다. 책상에 앉아서만이 아니었다. 바닥에 앉아서 보는 애들도 있고 벽에 기대어 비스듬히 누워서 보는 애들도 있었다. 강의 자체가 영화를 보는 듯이 진행이 되었기 때문이다. 그러나 수시로 내가 들어가 조치를 해줘야 했다.

그 방학 동안 아침부터 밤늦도록 하루 종일 공부를 시켰다. 학원이 실내화를 신는 구조였다. 아이들은 자습실과 교실에서 책상에 앉거나 바닥에 앉아서 공부를 했다. 나중에는 바닥에 엎드려서 하는 아이도 있었다. 거의 아파트 같은 구조였으니 그럴 만도 했다.

"피곤한 사람은 누워서 자도 돼."

아이들이 깔고 덮을 수 있는 매트와 담요를 준비했다. 아이들은 그게 신기한 듯했다. 수업은 하루에 과목당 1시간이었는데 자습하고 테스트하고 질문하는 시간이 더 많았다. 그러나 신기하게도 아이들은 지칠 줄을 몰랐다. 집에 가기 싫다고 했다. 학원을 파하는 시간이면 한탄을 했다.

"아~ 샘, 좀 더 하면 안 돼요?"

"야, 샘들도 퇴근을 하셔야지?"

"그런 게 어디 있어요? 학생들은 공부하는데 샘들이 가면 안 되죠. 아이~ 샘~~"

"내일 와서 해. 모두 가방 싸."

여름방학이 끝나고 중간고사를 쳤다. 전 학년이 대박을 쳤다. 그도 그럴 것이 수강생이 적으니까 학생 하나하나에 선생님들이 달라붙어 여름방학과 시험기간까지 엄청나게 공부를 했으니 성적이 안 나오는 게 오히려 더 이상했을 것이다. 소문이란 정말 다리가 있는 걸까? 중간고사가 끝나고 곧바로 대기 순번이 생겼다. 전반에 마감을 한 것이다.

초등부도 4학년부터 생겨서 초등부를 전담할 선생님을 새로 뽑았다. 중3까지 전 학년, 전 과목을 상하 두 반으로 편성했다. 고등부는 단과로 운영했다. 성공적이었다.

다시 얘기를 돌려보자. 학원 초창기에 왔던 ○○이와 △△이는 수학 성적이 처음 90점대와 60점대였었는데 △△이는 80점대 이상으로 향상

된 반면 ㅇㅇ이는 늘 두 개씩 틀리는 것이었다. 학교가 서로 다르긴 했지만 그래도 문제가 있어 보였다.

고등학교에 진학을 했어도 변함이 없었다. ㅇㅇ이는 H여고를 △△이는 B고로 가서 학교는 달랐지만 모의고사에서 △△이가 ㅇㅇ이보다 점수가 높을 때도 있었다. 뭐가 문제일까? ㅇㅇ이를 불러 상담을 했다.

"ㅇㅇ아, 선생님은 이해할 수가 없어. 왜 실력이 늘 제자릴까?"

녀석의 입에서 충격적인 말이 나왔다. 아버지가 모 공업고등학교에서 수학을 가르치고 계신다고 했다. 중학교 때부터 늘 집에서 아버지가 다시 점검을 해주신다는 거였다. 녀석은 내 방식과 아버지의 방식이 다른데 아버지는 아버지의 방식을 강요하신다고 했다. 그래서 많이 혼돈이 온다는 것이었다.

"ㅇㅇ아, 수학을 위해서는 불효자가 되어야겠다."
"네?"

녀석이 이게 무슨 소린가하고 깜짝 놀라했다.

"미안하지만 아버지의 방식을 잊어라. △△는 너보다 엄청 처져 있었는데 지금은 널 능가하고 있잖아. 그걸 생각해봐. 수학은 접근방법에 중요한 포인트가 있어. 내 말 알겠어?"

녀석이 난감해했다. 어쩔 수 없이 어머니에게 말씀을 드렸다. 굳이 아버지가 가르치시려거든 학원을 그만두라고 했다. 이튿날 녀석이 와서 말했다. 아버지가 알겠다고 하셨다는 것이다.

녀석은 수능에서 만점을 받았다.

엄마 때문이에요

나는 35년간 학원에서 초중고 학생들에게 수학을 가르치면서 살아온 사람이다. 학교는 아니지만, 아니 어쩌면 그래서 아이들을 더 잘 볼 수 있지 않았을까 라는 생각을 해본다.

요즘 아이들은 우리가 자랄 때와 너무 다르다. 유치원 때부터 혹사를 당한다는 느낌을 받는다. 공부에 아이들이 지쳐 있는 모습을 보면 안타깝다. 그래서 나는 수학을 가르치면서도 아이들의 내면의 이야기를 듣고 그들과 대화하는 시간을 많이 가지려고 애쓴다. 삶이 그렇게 무미건조한 것은 아니라는 것을 얘기하고 공감하려 했다.

개중에 참 영악한 아이들도 있다. 엄마한테 말하기를 수학은 안 가르치고 쓸데없는 말만 많이 해서 진도가 안 나간다고 말이다.

그러면 또 어김없이 엄마에게서 전화가 온다.

"선생님, 죄송한데 거기 수학 공부하러 보낸 거니 수학만 가르쳐주세요. 다른 공부는 다른 데서 시키겠습니다."

그런 아이한테는 그렇게 해줬다. 결과는 어떻게 되었을까? 나와 많은 얘기를 나눈 아이들은 어느 정도 시간이 지나면 스스로 공부를 하기 시작한다. 그러나 수학공부만 시킨 아이들은 여전히 수동적이었다. 몇 달 뒤엔 수강을 끊어버리는 애들도 있었다. 아이들에게 그 아이의 근황을 물으면 노답이랬다.

여기서 얘기하려는 녀석은 고1 여자아이다. 어머니가 초등학교 선생님이었다. 녀석은 자기가 수학을 못하는 건 순전히 엄마 때문이라고 했다. 왜 그렇게 생각하느냐고 물어봤다. 엄마는 공부하라고만 하고 잔소리로 들들 볶아서 스트레스가 장난 아니랬다. 특히 수학은 자기가 풀면 그걸 보고 잔소리가 시작된다고 했다.

"왜 이렇게 풀었어? 새로 풀어."
"글자를 못 알아 보겠잖아, 지우고 다시 풀어."

이건 이렇고 저건 저렇고. 녀석은 그럴 때면 그냥 문제 풀기가 싫었다고 했다. 그냥 엄마가 싫고 집이 싫고 가족이 다 싫다고 했다.

내가 물어보았다.

"집에 돌아오면 엄마를 보고 갔다 왔습니다 하고 인사하니? 그냥 듣든 말든 '갔다 왔어요.' 말하고 너 방에 문 쾅 닫고 들어가지?"

"헐~~ 어떻게 아세요? 엄마가 말했어요?"

"오빠랑도 그렇지?"

집에 들어가면 엄마와 얘기도 잘 안 하고 오빠와는 원수처럼 살고 있다고 했다. 성적표도 한 번도 보여준 적이 없다고 한다. 다행히 오빠는 나름 살갑게 대해주려고 하는 것 같다고 생각하고 있었다. 그래서 미안하다고 했다.

녀석의 얘기를 많이 들어주었다. 속에 있는 응어리를 들춰내야겠다고 생각했기 때문이다. 어쨌거나 상황을 좋게 만들어야 한다는데 의견일치를 보았다.

"공부는 엄마를 위해서 하는 게 아니다."

"네 방법대로 해라. 선생님이 돕겠다."

"우리 조금 연극처럼 해보자."

"토 나올 거 같아도 오늘부터는 역으로 해보자."

"그냥 손해 볼 거 없잖아."

몇 가지를 제안했다. 오늘부터 학교 갔다 오면 엄마 보면서 학교 갔다 왔다고 인사하고 방에 들어가기. 오빠한테는 과자를 두 개 사서 하나는 오빠한테 무심하게라도 권하기 등등 아주 여러 가지를 바꿔갔다. 다행히 아이가 잘 따라 해주었다.

아이는 학원 오는 게 너무 재미있다고 했다. 야자를 빼먹고 학원에 와서 공부를 했다. 같이 공부하는 주변 아이들이 더 놀라워했다. 너무 변했다고 말이다.

"샘, 쟤는 학교에서 수학만 해요."

"하루 종일 공부만 해요."

어느 날 어머니가 상담을 왔다.

"선생님, 애를 어떻게 지도하세요?"

아이가 너무 바뀌어 놀랍다는 것이다. 집안 분위기가 바뀌었다고 했다. 아이가 바뀌니 집안 분위기까지 화목해졌다고 했다.

그 학년의 아이들이 공부에 대한 열정이 모두 높았다. 위 학년의 아이들의 성공 스토리와 같은 학년의 아이들의 성공 스토리에 녀석도 상당히 고무되었다. 같은 학년들끼리 자습시간이 되면 한 아이가 축이 되어 팀별 스터디를 한다.

　"샘, △△이는 내가 먼저 다니던 학원 샘보다 더 잘 가르쳐요. 저도 저렇게 될 수 있을까요?"
　"그럼, 시간이 지나면 될 수 있어. 공부를 하면서 네가 선생이라는 생각을 가지고 해봐."
　어느 날 같은 학교 아이들이 난리가 났다.

　"쌤, ○○이 쟤 요즘 수학에 미친 거 같아요. 학교에서 하루 종일 수학만 해요."

　그랬다. 녀석은 수학에 미쳐 있었다. 학원에서도 자습시간에 보면 책상에 앉아서 푸는 게 아니라 바닥에 앉아 벽에 등을 기댄 채 쪼그리고 앉아 수학을 풀고 있는 모습이 자주 보였다.

　몇 달 후에 아이가 학원에 들어서자마자 흥분을 해서 말합니다.

　"쌤~, 저 전교 20등 안에 들었어요."

전교 20등까지 아이들을 교장실로 초대를 해서 갔다 왔고 서울지역 대학탐방을 가게 되었다고 했다.

"근데 우리 엄마가 안 믿고 학교에다 확인 전화를 한 거 있죠. 하여간 우리 엄만 짜증이야."

어머니에게서 전화가 왔다. 처음엔 거짓말인 줄 알고 학교에 전화를 해서 확인해봤단다. 아이를 믿지 못한 것이다. 아이에 대한 믿음이 있어야 한다. 아이들은 부모에게 인정받는 것을 가장 좋아한다. 그것을 저버리고는 아이의 성공을 기대할 수 없다.

너 꼴찌야?

남자아이가 어머니와 상담을 왔다. 자사고 1학년이었다. 기말고사가 끝난 시점이었다. 지금 공부하고 있는 파트를 물었더니 생각보다 진도가 늦었다.

"지금 두 바퀴째냐?"

"아니요. 한바퀴⋯⋯."

"시험은 잘 쳤어?"

"⋯⋯."

아이에게 물었더니 중3 겨울방학부터 한 선생님한테서 4개월, 또 다른 선생님과 2개월 공부를 했다고 했다. 이상했다.

"근데 왜 그렇게 선생님을 자주 바꿨어?"
"안 맞아서요."

도대체 그 선생들은 여태껏 뭘 한 거야? 내가 혼잣말로 얘기했다.

"선생님, 고1 과정을 다 떼는데 얼마 걸리겠습니까?"
"그거야 개인차가 있겠지만 빠른 아이는 3개월 늦어도 6개월이면 한 바퀴를 돌죠."
"그럼 6개월이면 충분한 거죠?"

그렇게 6개월에 고1 과정을 끝내달라고 했다. 녀석이 다니는 자사고는 전원 기숙사 생활을 했다. 그래서 토요일과 일요일에 수업을 하기로 했다. 어느 날 일요일에 수업을 하러 와서는 이랬다.

"와아, 오랜만에 침대에서 자니 너무 행복했어요?"
"뭐라? 그럼 여태껏 어디서 잤는데? 학교 침대 아니야?"

녀석의 말은 이랬다. 시험기간에 학교 자습실에서 공부하면 친구들이 거의 자습실 책상에 엎드려 잔다는 것이었다. 다른 녀석이 그러니 자기 혼자 편하게 누워서 잘 수 없다고 했다. 옆의 친구가 자면 그때 자기도 자는데 일어나 보면 이미 그 친구는 일어나서 공부를 하고 있다는 것이었다.

"놀랍네. 근데 그게 좋은 방법은 아니야. 그 아이들의 페이스에 따라갈 필요 없어. 너 페이스대로 해. 알았어?"

그런데 중요한 것은 그게 아니었다. 수업을 하면서 녀석의 문제점이 드러났다. 왜 그토록 진도가 늦었으며 선생님들이 자주 바뀌었는지 이해가 되었다. 녀석은 이해도가 현저히 떨어졌다. 어쩌면 선생님들이 그만두었을 것 같다는 생각이 들었다.

"○○아, 너 학교 석차가 어떻게 돼?"

녀석은 성적표도 가지고 오지 않았고, 성적도 가르쳐주지 않았다. 그건 어머니도 마찬가지였다. 뭐지? 머리에 스치는 생각이 있었다. 혹시? 그 다음 수업을 하러 온 녀석에게 내가 물었다.

"○○아, 넌 왜 학교 성적을 제대로 얘기를 안 해? 그걸 알아야 전략도 세우고 하지? 혹시 너 꼴찌야?"

그 말이 끝나자마자 녀석이 눈물을 뚝뚝 흘렸다.

"꼴찌야? 꼴찌 맞아?"

녀석이 고개를 끄덕였다. 내가 어깨를 두드리며 위로를 했다.

"괜찮아. 그럼 우선 바로 앞에 놈만 잡자."

그런데 녀석은 그 말을 듣고는 더 크게 울었다. 이제는 어깨까지 들썩이며 흐느꼈다. 한참을 울도록 내버려뒀다.

"얘기를 해봐. 왜 우는 거야?"

녀석은 180명 중에 꼴찌였고 179등과는 평균이 8점 이상 차이가 난다고 했다. 수학 점수가 20점이 안 된다고 했다.

그래도 이해가 안 갔다. 그래도 자사고에 가려면 중학교 성적이 최소 3%정도는 되었을 텐데 이처럼 수학기초가 없을 리가 없었다.

"그래도 너희 학교 내신 커트라인이 있는데 그럼 중학교 성적은 괜찮았을 거 아니야?"

녀석이 그때서야 실토를 했다. 자기는 중학교 학생회장이었고 자사고에 학생회장 출신들의 특차가 있다고 했다. 녀석의 말을 듣고 실마리가 하나씩 풀렸다. 녀석을 다독였다.

"됐어. 울 필요 없어. 우선 바로 앞에 한 놈만 잡자. 알겠지?"

다행히 수학을 제외하고는 성적이 썩 나쁘지는 않았다. 그날로부터 모든 걸 무시하고 처음부터 다시 전략을 짰다. 기초부터 다시하기로 했다. 곧 여름방학이니 방학 동안이면 기초를 잡는 데는 충분할 듯했다.

그런데 어머니의 전화가 왔다. 그렇게 하면 진도는 어떻게 빼느냐는 거다.

"지금 진도 뺄 단계가 아닙니다. 기초가 없는데 진도만 뺀다고 아무런 것도 해결되지 않습니다."
"아니, 선생님과 처음 얘기할 때 6개월 안에 1학년 진도 다 빼주시기로 했잖아요?"
"그땐 ○○이의 상태를 잘 몰랐을 때죠. 안 이상 그렇게 하는 것은 좋은 방법이 아닙니다. 지금껏 앞의 선생님들도 그걸 알았을 테지만 시행을 안 하는 바람에 현재 이 상태가 된 겁니다."
"아니에요. 그냥 진도를 빼주세요."

말이 통하지 않았다. 사상누각이 될게 뻔했다. 무시하기로 했다. 여름 방학 내내 이 문제로 어머니와 다투었다. 결국 녀석에게 말했다.

"아무래도 널 오래 봐줄 수 없을 거 같다. 기회는 이번 방학뿐이다. 선생님이 시간이 날 때마다 널 봐줄 테니 그때마다 다른 일 제쳐두고 와야 한다. 알았어?"

녀석이 또 눈물을 보였다. 방학 한 달 동안 석 달의 분량을 했다. 충분하지는 않았지만 어느 정도 기초를 잡은 듯했다. 워낙 받아먹는 속도가 느렸다. 2학기 중간고사 진도까지 마무리가 되었다. 중간고사가 끝났다. 녀석은 처음 세웠던 목표를 달성했다. 꼴찌를 탈출한 것이다. 전체 등수가 143등이었다. 수학은 4문제를 틀렸다. 녀석의 지도를 끝내겠다고 통지를 했다. 어머니가 항변했다.

"그런 법이 어디 있어요? 6개월 해주신다고 했잖아요?"

걔 하곤 안 돼요

고1 남학생이었다. ○○이는 수학 기초가 없었다. 3개월 정도는 1:1로 해야 할 것 같았다. 나는 공부도 병원에서 의사가 진료를 통해 약만 처방해도 될 환자, 주사를 맞아야 할 환자, 급기야 수술을 해야 할 환자를 결정하는 것과 같다고 생각한다. 아이들을 상담해보고 일반반에 들어가도 될 학생, 1:4반에 들어가도 될 학생, 1:2반에 들어갈 학생 그리고 급기야 1:1로 해야 할 학생을 결정한다. 안타까운 것은 1:1로 해야 될 만큼 심각한데도 경제력에 막혀 그러지 못하는 아이들이다. 강사의 입장에서는 1:1 수업보다 학생 수가 많은 반일수록 수입이 좋다. 그런데 대부분의 학부모들이 오해를 한다.

○○이는 가장 큰 문제가 집중을 못한다는 것이었다. 산만했다. 그렇다고 정신적으로 문제가 있는 정도는 아니었다. 녀석에게 특별한 조치를 취했다. 수업에 오는 날 20분 정도 검도 수련을 하기로 했다. 야외에서 타격을 하기도 하고 실내에서 묵상을 하기도 했다. 예전에 대학을 진학한 녀석의 검도복이 있어 그 학생에게 허락을 받고 주었더니 녀석이 좋아했다. 여학생이 입던 거라 상의와 하의가 모두 조금씩 짧았는데도 검도복 입는 걸 좋아했다. 학원에 오면 나보다 녀석이 먼저 도복을 갈아입고 죽도를 들고 나갔다.

"쌤, 준비 다됐습니다."
"어, 먼저 내려가 연습하고 있어라."

운동을 하고 나면 샤워를 하고 책상에 앉았다. 스스로 묵상을 하면서 수업을 준비했다. 집중도가 조금씩 나아졌다.

"제법인데……. 많이 좋아지고 있어."
"감사합니다. 선생님."

3개월이 지나서 성적에도 많은 변화가 있었다. 그때 신입생이 들어왔다. 녀석과 같은 중학교 출신이고 둘은 잘 아는 사이였다. 테스트를 해보니 ○○와 실력이 비슷했다. 그래서 ○○이와 같이 한 팀으로 하라고 했다.

"○○이 하고요? 걔하고는 같은 팀 하기 싫은데요?"

"아니 왜? ○○이 하고 친하다면서?"

녀석들은 고등학교 올라가서 학교가 모두 달랐지만 일요일 모여서 목욕탕도 같이 갈 정도로 친하게 지내고 있다고 했다. 녀석도 그랬지만 어머니는 더 펄쩍 뛰었다. 이유를 물어보니 ○○이와 자기 아이는 실력 차가 많이 나고 또 중학교 때부터 워낙 산만해서 부모들이 걔랑은 거의 공부를 같이하기를 꺼렸다는 것이다.

"지금은 산만하지도 않고 실력도 아이랑 비슷합니다. 아마도 ○○이가 더 나을 겁니다."

"네? 그래도 ○○이와는 같은 팀 하기 싫습니다."

결국 다른 아이와 팀을 이뤘다. 모의고사 성적이 나왔다. 그 녀석보다 ○○이의 성적이 높았다. 등급은 같았다. 무슨 일인지 그 녀석은 학원 온 지 두 달 만에 학원을 그만뒀다.

2학년이 되고 녀석은 이과로 진학했다. 겨울방학이 지나고 3월 모의고사를 쳤다. ○○이에게 그 녀석에 대해 물었다.

"그때 그 친구는 요즘도 만나나? 그 녀석 성적은 어때?"

"걔, 나보다 한참 아래예요."

○○이는 2등급이었고 그 녀석은 4등급이라고 했다.

간혹 나의 결정을 따르지 않는 부모가 있다. 자기 자식은 자기가 더 잘 안다는 것이다. 예전에 한 녀석이 기억이 난다. 녀석도 어머니와 마음이 맞지 않았다.

그 녀석이 학원에 처음 온 계기가 있었다. 친하게 지내는 △△이가 나와 공부를 하고 있었는데 그 녀석과 같은 학원을 다니다가 이 친구만 내게로 왔다는 것이다.

"쌤, 이번에 제 친구가 올 겁니다."
"어 그래? 성적은 어때?"
"예전에는 나보다 잘했는데 지금은 제가 더 잘하죠. 하하하"

녀석들은 이 녀석이 학원을 옮길 때 다음 시험에서 점수가 더 좋은 녀석이 다니는 학원에서 뭉치자고 했다는 것이었다. 그런데 여름방학이 지난 후 치른 중간고사에서 이 녀석이 두 문제만 틀려 성적이 수직상승을 했다. 녀석이 어머니를 졸라 상담을 하고 갔다. 그런데 녀석은 오지 않았다.

"그 녀석은 온다더니 왜 안 와? 안 온대?"
"걔 엄마가 다니는데 그냥 다니란대요."

"뭐 어쩔 수 없지. 때 되면 오겠지."

그러다가 녀석이 학원을 온 건 2학년 여름방학이 끝난 9월이었다. 녀석은 △△이와는 완전히 레벨이 달랐다. 그때 △△는 수학성적이 그 학년 1등이었다. 학원에는 왔지만 공부할 자세가 전혀 안 되어 있었다. △△에게 물어보니 당구에 빠져 있다고 했다. 녀석이 잘 간다는 당구장엘 갔더니 먼저 있던 학원의 친구들과 있었다. 놀라운 건 그 학원 선생님과 함께 있었다. 그 자리에서 혼을 냈다. 하루는 녀석의 어머니로부터 전화가 왔다.

"아이가 학원 마치고 당구장엘 간다는데 샘은 뭐하세요? 아이들 관리 안 하세요?"

이건 뭔 소린지? 그러고는 그 녀석은 학원을 그만뒀다. △△이에게 물었더니 먼저 다니던 학원으로 옮겼다는 것이다. 그것도 어머니의 성화 때문이었다고 한다.
3학년 3월 모의고사가 끝난 뒤 그 녀석 어머니로부터 전화가 왔다.

"우리 애가 선생님한테로 가겠다고 해서 오늘 보내겠습니다."

회비와 입금계좌 문자를 보냈더니 곧 전화가 왔다.

"아니 왜 회비가 올랐어요? 뭐 이런 학원이 다 있어?"

하더니 끊어버렸다. 녀석은 오지 않았다. 대학입시가 끝났다. △△는 3학년 내내 전교 3등을 유지해 고려대에 합격을 했다. 녀석은 경주에 있는 동국대 경주캠퍼스로 갔다.

에필로그

학교를 다니며 미래에 대한 불안과 자신의 내면과 싸우고 있을 많은 청소년들과 대학을 졸업하고 직장을 구하기 위해 애쓰고 있는 모든 젊은 이들에게 희망의 끈은 놓지 말라고 얘기하고 싶다.

우리는 학교에서 열심히 공부하면 미래가 절로 열릴 줄 알았다. 우등생이 되면 사회에서 부자로 잘살 것이라고 배웠다. 그러나 막상 사회는 그렇지 않다는 걸 보여준다. 학교는 우리에게 아무것도 보장해주지 않는다는 것이다. 정작 사회에서 필요한 것은 학교에서는 가르쳐주지 않는다.

우리는 가끔 게임을 한다. 여러분은 게임을 할 때 아이템을 하나씩 획득하면서 레벨을 높여갈 것이다. 공부라는 것은 사회라는 게임에서 하나의 아이템과 같다. 그것은 분명 그 어떤 아이템보다 강력한 기능을 가지고 있는 것은 사실이다. 그러나 그것만이 사회라는 게임에서의 아이템이 아니라는 것이다.

그렇다면 사회라는 게임에서 필요한 아이템들은 뭐가 있을까? 흔히 "사회에서는 성공하려면 줄을 잘 타야 한다."라고 한다. 어느 라인에 서느냐가 중요한 시초가 된다는 것이다. 그러나 여기서는 다른 줄을 얘기해 드리고 싶다.

각자가 스스로 가져야 할 성공을 위한 줄 이야기다.

바로 〈배지용끈〉이다. 배짱, 지혜, 용기 그리고 끈기를 말한다.

우리 모두에게는 엄청난 잠재력이 있다고 한다. 바로 신이 주신 각자의 능력이다. 지금 대학에 합격을 하지 못했거나 취업을 못 했다고 기죽을 필요는 없다. 지금은 공부만이 모든 걸 해결해주는 시대가 아니다. 여러분이 가지고 있는 능력, 잠재되어 있는 잠재력을 찾아 일깨워라. 그것이 음악적 재능이든, 그림이든, 컴퓨터 능력이든 그 재능을 찾은 뒤 열심히 노력하라. 공부해야 한다. 허투루 공부해서는 여러분은 성공할 수 없다. 영어와 수학 그리고 과학과 사회공부가 사회라는 게임에서 어떻게 활용되는 것인지 그것들을 어떻게 활용할 것인지를 알고 공부하기 바란다.

아사다 마오는 김연아로 인해 그녀의 꿈을 이루지 못했다. 그러나 나는 그녀에게 박수를 보낸다. 끊임없이 노력을 한 그녀는 실패한 것이 아니다. 우리는 결과로 인해 그 사람이 지나온 과정을 폄하하는 경향이 있다. 성공하지 못한 이의 노력 또한 무한의 가치가 있는 것이다.

지금까지 아무런 것도 손에 넣지 못했다고 초조해하지 마라. 여러분은 지금 조금 센 물살로 인해 언덕으로 가는 길이 방해받고 있을 뿐이다.

마릴린 먼로가 이런 이야기를 했다.

"우리는 너무 늦기 전에 우리의 삶을 시작해야 한다. 두려움은 멍청한 감정이다. 후회 또한 그렇다."

여러분은 젊다. 젊음이 최고의 재산이라는 것을 젊을 때는 모른다. 그러니 지금 여러분은 느끼지 못할 것이다. 그러나 여러분은 최상의 아이템으로 무장한 최고의 전사라는 것을 잊지 말라. 현실과 미래를 두려워하지 마라.

우리에게 균등히 주어진 기본 아이템이 있다. 바로 시간이다. 시간을 허비하는 것은 패배로 가는 길이다. 촌음을 아껴 여러분의 꿈을 향해 노력하라.

하늘은 스스로 돕는 자를 돕는다고 했다. 간절히 원하고 그를 위해 노력하는 이를 하늘은 기억한다. 그리고 그를 돕는다는 것을 믿어라.

시험을 잘 치는 요령

시험을 칠 때 몇 개를 맞추어야 한다는 강박관념보다 몇 개를 틀려도 되는구나 하는 홀가분한 생각을 가져라.

○○이는 내게 온 후 두 달 만에 치른 첫 모의고사인 6월 모의고사의 목표를 지난 3월 모의고사 성적인 39점으로 잡았다. 그랬더니 틀려도 되는 문제를 찾아내는 것도 어려웠다. 나중 78점이 목표일 때도 틀려도 되는 게 무려 22점, 4점짜리 5개를 버리고도 남았다.

30, 29, 28, 21, 20을 모두 버렸다. 버린 것은 아예 쳐다보지도 말라고

했다. 이렇게 하면 시간이 엄청 여유로워진다. 여유로워진 만큼 문제를 푸는데 마음이 편해진다. 쫓기듯 풀 때와 달리 천천히 풀면 훨씬 많은 것이 머리에 떠오른다.

○○이는 만점을 받을 때도 이 방법을 고수했다.

문과는 88점이면 1등급이 되므로 4점짜리 3개를 버렸다. 쉽게 말해 30, 29, 21을 버리는 것이다.

버리고 나서는 찬찬히 풀어간다. 이때 빨리 풀고 버린 것도 풀어야지 하는 생각은 금물이다. 모두 풀고 난 뒤 시간이 남으면 그때 버린 것 중 하나를 푼다. 그걸 풀고도 시간이 남으면 하나 더 풀고 하는 식이다.

이 방법은 아주 효과가 있다. 강추한다.

공부를 잘하려거나 시험을 잘 보려면 마음을 비우는 게 가장 중요하다는 걸 꼭 명심하기 바란다.

공부를 할 때 너무 잘하려는 마음을 가지면 오히려 독이 될 수 있다. 마음을 비우고 그저 알고자 하는 마음만 가지고 책을 보기를 권한다. 강박관념을 가지지 말라는 것이다. 시간에 쫓기는 공부를 하면 언뜻 공부가 잘 되는 듯해도 실제 효과는 없다. 시간이 한정 없이 많다는 듯이 이해가 될 때까지 읽고 또 읽고 풀고 또 풀어야 한다.

○○이는 고2였지만 고1 과정 심지어 중학과정 기하 공부까지 새로 다 체크했다. 중학교 때야 달달 외우거나 기계적 공부를 해도 만점을 맞을 수 있지만 고등수학은 응용뿐만 아니라 상호의 관계까지 이해할 수 있어

야 하므로 그에 대한 트레이닝까지 했다.

가르칠 때마다 조금씩 자신감을 갖는 것 같았다. 무엇보다 성격이 밝아졌고 집중력이 강해져갔다.

한 번은 어머니로부터 전화가 왔다. 애가 통 잠을 자지 않는다고 했다. 밤에 하루 3~4시간밖에 안 자는 거 같아 걱정이라는 것이었다.

"○○이가 힘들어하나요?"

"아니요. 자기는 괜찮다고 하긴 하는데……."

"그럼 내버려둬보세요. 피곤하면 잘 겁니다."

아이가 워낙 허약체질이니 엄마가 저러다 쓰러질 거 같아서 걱정이 태산이었다.

"선생님 말만 들으니 선생님이 좀 자라고 해주세요 네?"

어머니는 애원을 했지만 나는 그저 웃을 수밖에 없었다. 그도 그럴 것이 그동안 밤잠을 줄이는 트레이닝을 했기 때문에 그게 정착이 된 듯했다. 나는 아이들에게 잠 조절하는 법을 트레이닝 시킨다. 모두 다 성공하는 건 아니지만 대부분 아이들이 성공을 한다. 낮에 학교나 독서실 등에서 쪽잠 자는 걸 훈련한다.

낮잠 10분은 밤잠 1시간과 맞먹는다고 나는 믿는다. 실제 나는 낮잠을

10초, 20초 정도도 잔다. 그것만으로도 정신이 맑아진다. 이 트레이닝을 한 아이들은 무섭게 집중을 한다. 물론 학습효과는 최상이 된다.

○○이는 2학기에 가서는 수학을 거의 한 두 문제만 틀렸다. 예전의 실력을 되찾은 것이다. 교내 전교 1등자리도 되찾았다. 11월 모의고사는 수학을 만점 맞았다. 내가 전국 1등이라고 했더니 놀리지 말란다.

"아니 맞잖아. 동점이 몇 명이든 만점은 전국 1등이야."

3학년이 되어서는 줄곧 만점을 맞았고 전교 1등을 유지했다. 수능에서는 아깝게 1문제를 틀렸다. 대학도 서울대를 포기하고 성균관대를 갔다. 서울대가 1학년 내신까지 보기 때문에 지레 포기를 했다.

하면 된다. 노력 앞에는 못 이룰 게 없다.

수능한파, 수능일이 다가오면 어김없이 동장군이 온다. 신기하다. 35년간 아이들에게 수학을 가르치면서 예비고사, 본고사 학력고사뿐만 아니라 수능에서 조차 늘 애들에게 당부하는 게 있다.

"욕심내지 마라."

한 문제 더 맞추려는 욕심으로 인해 두 문제를 틀릴 수 있다. 하나를 빨리 풀고 또 다른 문제를 풀 생각을 하면 안 된다. 그냥 이 문제만 풀자 하는 마음으로 그 문제에만 집중해야 한다. 그리고 반드시 쉬운 문제부터 천천히 풀어나가라. 시간에 쫓기면 안 된다. 어차피 상대평가다. 내가 어려우면 다른 애들도 어렵다. 어려운 건 과감히 버릴 줄도 알아야 한다.

시험은 실력도 있어야 하고 운도 따라야 한다. 그러나 수능 당일은 그것이 이미 결정된 상태다. 허겁지겁 풀다 보면 실수하기 마련이다. 수학을 풀 때는 무사가 볏짚을 베듯이 하나하나에 집중해야 한다. 그리고 바위가 나타나면 그걸 베려고 해서는 안 된다. 건너뛰어야 한다. 내가 아이들에게 당부하는 몇 가지가 있다.

문제지를 받으면 바로 풀지 마라. 풀기 전에 먼저 1번부터 30번까지 문제를 훑어봐라. 그리고 그 중 어렵게 느껴지는 문제에 돼지꼬리를 붙여라. 그리고 쉬운 문제부터 풀어라. 번호 순서대로 풀 필요는 없다. 12, 13

번까지 풀고 나면 단답형 22, 23, 24, 25를 풀어라.

등급별 요령을 말하면 모의고사에서 1등급이 나오면 21, 30, 29는 일단 버려라.

88점이 목표다. 시간이 남으면 21, 29중 하나를 풀어라.

30번은 생각하지 마라. 만일 21번을 푼다면 29, 30은 아예 생각을 하지 마라. 21이 풀리고 나서 시간이 남으면 29를 풀어라. 두 마리 토끼를 잡으려다간 둘 다 놓친다는 걸 명심해라. 30번은 나머지를 모두 풀고 난 뒤 시간이 남으면 풀어라. 덤이라고 생각하는 것이다.

2등급이 나오는 사람은 거기에 20, 28을 버려라. 80점이 목표다. 역시 위와 같은 요령으로 풀어라. 80점이 목표라고 해서 내 최종점수가 80점이 아니다. 84, 88, 92도 될 수 있는 전략이다.

3등급은 거기에 3문항을 더 버려라. 68점이 목표다.

이 방법으로 성공한 일화는 숱하게 많다.

모의고사 3등급 하던 녀석이 있었다. 수능을 마치고 집으로 찾아왔다. 오자마자 흥분을 하며 털어놓는다.

"샘, 저 몇 등급인지 아세요?"

"와? 1등급이라도 됐나, 난리를 치노?"

"예 쌤, 저 1등급입니더."

"뭐라? 니가???"

이때부터 녀석이 거품을 물고 얘기를 한다. 과일을 깎고 있던 아내가 말했다.

"쟤는 얌전하더니 오늘 왜 저리 흥분해요?"
"어, 흥분할 만하네. 1등급이란다. 허허허."

녀석은 소위 찍은 게 적중되었는데 그것도 소수점까지 맞추었단다. 해양대학에 들어가 장학생이 되고 지금은 소위로 임관하여 군복무 중이다. 이 친구는 내게 오기 전 수포자였다.

"이기려면 버려라."
"욕심 내지 말고 버려라. 몇 개를 맞춰야 하는 게 아니라 몇 개를 틀려도 된다고 생각해라."

내가 시험치러 가는 아이들에게 늘 하는 말이다.

중학교 때 전교 1등을 하다가 고등학교에 와서 수학이 39점까지 떨어진 아이가 있었다. 그 녀석은 고2 4월에 내게 왔다. 상당히 똘똘했다. 잘 받아먹었다. 첫 모의고사를 치는 전날 어깨를 두드리며

"이번 시험 목표는 39점이다."

녀석과 하이파이브를 쳤다. 결과는 78점이었다. 지금껏 녀석은 강박관념에 사로잡혀 수학에 공포를 느끼고 있었던 것이다. 주눅이 들어 있었던 거다. 그걸 깨는 게 첫 번째 목표였다.

녀석은 그해 11월 모의고사에서 만점을 받았다. 전교 1등이었다. 아니 전국 1등이었다. 비록 수학만이지만 말이다.

고3이 되어서는 전 과목 전교 1등이 되었다. 수능에서는 아깝게 한 문제를 틀렸다. 성균관대를 갔다.

또 다른 녀석은 1학년 1학기말 시험이 26점이었다. 여름방학 때 왔다. 그때부터 하드트레이닝을 했다. 2학기 중간고사에서 두 문제를 틀렸다. 선생님이 커닝을 의심했단다. 보란 듯이 9월 모의고사와 기말고사에서 고득점을 했다. 고2가 되어서부터는 수학은 전교 1등, 전 과목 전교 3등을 유지해 고려대학교로 진학했다.

공부와 시험은 당연히 열심히도 해야 하지만 요령이 필요하다. 실수 없이 잘 치르는 것도 실력이다.

절대 욕심내지 마라. 명심하라. 이기려면 버려라.